Heimat verpflichtet

Märkische Adlige – eine Bilanz nach 20 Jahren

Text Martina Schellhorn

Fotografie Oliver Mark

Herausgegeben von der Brandenburgischen Landeszentrale für politische Bildung

Copyright 2012
Herausgeber: Brandenburgische Landeszentrale für politische Bildung
www.politische-bildung-brandenburg.de

Text: Martina Schellhorn
Fotografie: Oliver Mark (Bildbearbeitung: Nicolas Oswald)
Heimat verpflichtet, Märkische Adlige – eine Bilanz nach 20 Jahren

Eine Publikation zur gleichnamigen Ausstellung
der Brandenburgischen Landeszentrale für politische Bildung
vom 1.11.2012-11.04.2013 in Potsdam

ISBN 3-9325-02-60-4

Gestaltung: Bauersfeld Werbeagentur
Druck: Druckerei Arnold, Großbeeren

Titelabbildung: Ilsa-Marie und Georg von Holtzendorff mit Kevin

Schloss Boitzenburg in der Uckermark

Vorwort

Die Adligen kommen zurück – dieser Satz löste bei der Mehrzahl der Ostdeutschen Anfang der 1990-er Jahre eine gedankliche Kettenreaktion aus, die eher in Ablehnung als in Zustimmung mündete. Schien doch die griffige Losung „Junkerland in Bauernhand" auf alle Zeit in den Köpfen festgeschrieben zu sein.

Gerade hatte das Volk der DDR die Mauer friedlich überwunden, die D-Mark und die Wiedervereinigung bekommen und war dabei, sich mit den neuen, unbekannten Verhältnisse zu arrangieren. Glücksritter überschwemmten das Land, suchten – und fanden oft – das schnell verdiente Geld, bevor sie wieder zurück in den Westen gingen. Es folgten Aufbauhelfer und Investoren, vor allem aber auch ehemalige Eigentümer, die ihre Ansprüche an Land und Immobilien anmeldeten. Die Regelung im Einigungsvertrag lautete in den meisten Fällen „Rückgabe vor Entschädigung".

Es kamen auch die, die einen alten Namen tragen, der seit hunderten von Jahren fest in Brandenburg verwurzelt ist. Waren sie durch die Bodenreform enteignet worden, stand ihnen rechtlich nichts zu. Sie kamen dennoch und einige von ihnen wagten einen Neuanfang, kauften Land und Gebäude zurück trotz widriger Umstände, juristischer Probleme und individueller Verletzungen. Über die märkischen Adligen wurde damals viel berichtet, geschrieben und dokumentiert.

Die Brandenburgische Landeszentrale für politische Bildung hat bereits 2001 eine landesweit gezeigte Ausstellung zum Thema finanziell unterstützt. Ostdeutsche Sozialwissenschaftler und Historiker der Berlin-Brandenburgischen Geschichtswerkstatt widmeten sich in der Schau und Publikation erstmals den „adligen Rückkehrern im Land Brandenburg". Anhand der erzählten Familiengeschichten wurden die politischen Aspekte der Vertreibung ebenso dargestellt wie die Wünsche und Ziele der prominenten Rückkehrer.

Gut zehn Jahre später haben sich die Fragestellungen geändert. Was ist aus den Rückkehrern geworden, die sich vor rund 20 Jahren für ein Leben in Brandenburg entschieden haben? Was haben sie bewegt? Die ländlichen Räume Brandenburgs sind geprägt vom demografischen Wandel. Sowohl Politiker als auch die Zivilgesellschaft sind aufgefordert, darauf zu reagieren. Überall wird nach beispielgebenden Modellen gesucht, um das Leben in den schwach besiedelten Regionen lebenswert und attraktiv zu gestalten und den Menschen eine Perspektive zu geben.

Es zeigt sich, dass einige Wenige ganz individuelle Antworten zu dieser Problematik gefunden haben. Manche adlige Rückkehrer sind zu unverzichtbaren Trägern zivilgesellschaftlichen Engagements geworden. Niemand von ihnen führt ein abgeschottetes Leben. Allen gemeinsam ist, dass sie auf ihre Nachbarn, auf ihre Gemeinde zugehen. Sie suchen den Kontakt, weil sie sich der Gemeinschaft verpflichtet fühlen. Ihre Häuser und Wirtschaftsgebäude, die Parks und Wälder sprechen von der Geschichte ihrer Familien und dieses Landstrichs. Sie sind Teil der Kulturgeschichte Brandenburgs und Deutschlands. Die Rückkehrer nehmen diese Verantwortung an. Wegen ihres Mutes zum Neuanfang gepaart mit einer großen Portion Idealismus und Willensstärke werden sie zuweilen als Raumpioniere bezeichnet.

Auf sehr anschauliche und sinnliche Weise zeigen Martina Schellhorn und Oliver Mark in der vorliegenden Publikation, was diese Familien bewog, wieder in das Land ihrer Vorfahren zurückzukehren, welche Erfahrungen sie gemacht haben und welche ihrer Wünsche und Ziele sie inzwischen verwirklichen konnten.

Manfred Stolpe, der erste Ministerpräsident des wiedererstandenen Brandenburgs, verglich einmal die Umwälzungen der 1990-er Jahre mit den Veränderungen nach dem 30-jährigen Krieg. Ein sehr bildhafter Vergleich. Wenn man die Komplexität der Lebensgeschichten in diesem Buch betrachtet, bekommt man eine Ahnung, was er gemeint haben mag.

Die Bürgerinnen und Bürger Brandenburgs sind von den Wendeerfahrungen geprägt. Jeder hat ganz unterschiedliche Glücksmomente und Enttäuschungen erfahren. Die Landeszentrale möchte mit der Publikation und der dazugehörigen Ausstellung neugierig machen auf einen Ausschnitt Brandenburger Geschichte. Unsere Aufgabe ist es nicht, diese zu bewerten. Unsere Aufgabe ist es, über das Geschehene zu informieren, darüber ins Gespräch zu kommen und Erfahrungen als kreatives Potential für die Zukunft zu nutzen.

Dr. Martina Weyrauch
Leiterin der Brandenburgischen Landeszentrale
für politische Bildung
Oktober 2012

Heimat verpflichtet

Für die meisten Menschen ist Heimat der Ort, wo sie geboren und aufgewachsen sind und zu dem sie lebenslänglich eine starke Bindung haben. Heimat sind aber auch Bilder, Erinnerungen und Gefühle, oft durchwirkt mit Melancholie, die immer dann mitschwingt, wenn etwas vorbei oder verloren ist.

Wie groß müssen die Glücksgefühle derer gewesen sein, die, nachdem sie ihre Heimat verloren glaubten, nach 45 Jahren den Mauerfall erlebten und wenige Monate später die Wiedervereinigung Deutschlands. Viele der ehemaligen ostelbischen Großgrundbesitzer machten sich noch im November 1989 auf den Weg, um die alte Heimat zu besuchen. Was sie fanden, ähnelte in den meisten Fällen nicht dem, wovon Eltern und Großeltern immer erzählt hatten. Die Herrenhäuser und Schlösser waren, sofern noch vorhanden, meist in einem beklagenswerten Zustand, Parks verschwunden oder parzelliert und bebaut. Nie stimmte das reale Bild mit der Ansicht auf alten Fotografien oder Gemälden überein, um die sich Sehnsucht und Erinnerung rankten.

Dennoch beschlossen nicht wenige der früheren Eigentümer zurückzukehren. Manche folgten dem „Marschbefehl der Ahnen", andere zögerten zunächst und wagten doch das Abenteuer, um sich nicht später vorwerfen zu müssen, es nicht probiert zu haben. Gemeinsam ist allen, dass nicht Reichtum sie lockte oder schneller Erfolg. Sie ahnten, worauf sie sich einließen und kamen dennoch – die adligen Rückkehrer.

Jetzt, 20 Jahre später, habe ich nachgefragt, was aus den Wünschen und Visionen geworden ist und ob die alte Heimat der Vorfahren inzwischen für die nächste Generation zur neuen Heimat geworden ist. 20 Jahre sind kurz, wenn es um geschichtliche Dimensionen geht. Gemessen an einem Menschenleben sind zwei Jahrzehnte jedoch eine lange Zeit. Wer in jungen Jahren kam, ist heute Mutter oder Vater von Kindern, die inzwischen selbst fast erwachsen sind. Wer in mittleren Jahren kam, ist jetzt im Pensionsalter, allerdings nicht im „Ruhe"-Stand. Die Bilanz wird eher zur Zwischenbilanz, die den Blick zurück ebenso einschließt wie den Blick in die Zukunft.

Glanz und Glamour waren und sind keine herausragenden Merkmale ostelbischer Adliger. Wer das erwartet, wird enttäuscht. Schon Theodor Fontane fand, dass sich märkische Landjunker eher durch Haltung und nicht durch Reichtum auszeichnen. In der Weimarer Republik wurden die Privilegien des Adels abgeschafft und die adligen Titel zum Bestandteil des Namens. Doch die familiären Wurzeln, die Kultur und Tradition konnten dadurch weder gekappt noch beseitigt werden. Haltung, Ehre und Pflichtgefühl galten weiterhin als erstrebenswerte Tugenden, nach denen gelebt wurde. Der märkische Landadlige war konservativ, monarchistisch und allem Militärischen zugetan. Die Weimarer Republik lehnte er ab, dem Emporkömmling

Hitler brachte er wenig Sympathien entgegen, hoffte aber mit der Machtergreifung der Nationalsozialisten auf die Wiedererlangung alter Privilegien, auf wirtschaftliche Stabilität und die Anerkennung seiner Offizierswürde. Nach dem Krieg wurden besonders im Osten Deutschlands die Junker zu den Steigbügelhaltern Hitlers erklärt und damit zu den Hauptschuldigen des Zweiten Weltkriegs. Ihre Enteignung und Vertreibung, selbst derjenigen, die am Widerstand gegen Hitler beteiligt waren, fand in der Sowjetischen Besatzungszone deshalb breite Zustimmung.

1990 wurden die Enteignung und die damit einhergehende Bodenreform im Einigungsvertrag festgeschrieben. Alle, die einst mehr als 100 Hektar Land besaßen, bekamen ihre alten Ländereien nicht zurück, sondern mussten sie pachten und kaufen, wie andere Investoren auch. Das war eine große und anhaltende Enttäuschung für viele Rückkehrer, die auch auf dem Klageweg scheiterten. Manche Familien konnten die finanziellen Belastungen nicht aufbringen, gaben auf und verließen Brandenburg wieder.

Im vorliegenden Buch wollen Oliver Mark und ich von denen erzählen, die gekommen und geblieben sind. Geblieben trotz widriger Umstände, trotz großer Ressentiments und objektiver Schwierigkeiten. Alle haben für dieses schwer zu definierende Gefühl von Heimatverbundenheit Zeit und Kraft in fast unvernünftiger Weise investiert und müssen bis weit ins Rentenalter arbeiten, um ihren Nachkommen mehr als das Abzahlen von Krediten zu hinterlassen.

„Immer stehen wir unter Beobachtung, müssen darauf gefasst sein, dass man bei uns genauer hinsieht. Wir können uns gar nicht leisten, unkorrekt zu sein", sagt Rochus Graf zu Lynar und spricht damit wohl für alle Familien, die von uns porträtiert wurden. Auch in den Texten, denen lange, persönliche Gespräche vorausgingen, finden sich viele Gemeinsamkeiten im Umgang mit den neuen Nachbarn, bei den Erfahrungen mit Behörden und bei der Eingewöhnung in der neuen Heimat.

Oliver Mark hat das Spezielle und Einzigartige jeder Familie gesucht. Seine Momentaufnahmen sind sorgfältig inszenierte, im Arrangement an alte Gemälde erinnernde Familienporträts, die die Erwartungshaltung des Betrachters gleichermaßen bedienen und brechen.

Unser Dank gilt allen, die sich auf uns eingelassen haben, sich von mir viele Stunden befragen ließen und in diesen Gesprächen stets aufgeschlossen und auskunftsfreudig waren. Auch folgten alle geduldig den Wünschen des Fotografen und erlaubten sehr private Einblicke. Zu entdecken sind die Geschichten der adligen Familien, die zurückgekehrt sind, weil sie ein Leben in Brandenburg für lebenswert halten und überzeugt sind, dass sie und ihre Kinder hier eine Zukunft haben.

Martina Schellhorn
Oktober 2012

Sommer in der Uckermark

Matthias und Barbara von Oppen

Die Poesie des Augenblicks

Das Wetter ist im Juli 2011 zwar nicht hochsommerlich warm, aber der Himmel nach langen Regentagen endlich wieder weit und blau. Ein kräftiger Wind lässt die Wolken über der Uckermark tanzen und Getreidefelder wogen. Ohne das permanente Surren der Windräder wäre die Stille vollkommen. Kuhherden sind eher selten zu sehen, dafür Störche und Reiher. In dieser Region leben die Landwirte vom Getreideanbau, von Sonnenblumen, Raps, Rüben und immer wieder Mais.

Eigentlich hat Barbara von Oppen keine Zeit. Ständig klingelt das Telefon. Die Gerste ist überfällig, der lang anhaltende Regen hat die Ernte verzögert. Jetzt gilt es, den richtigen Zeitpunkt zum Dreschen zu finden.

Dafür muss das Getreide aber erst trocken sein. Sie bespricht sich mit dem Verwalter. Es geht um Mähdrescher, Häcksler und den Wetterbericht für das Wochenende. Barbara von Oppen ist gerade dabei, die Bewirtschaftung in andere Hände zu legen. Ein Jahr lang hat sie gesucht und ist sich jetzt sicher, den geeigneten „Top-Landwirt" gefunden zu haben. Der wird nach und nach ihre Arbeit übernehmen und damit die Verantwortung für das, was sie in den letzten Jahren aufgebaut hat und als ihr Lebenswerk betrachtet. Selbständige Landwirtin und damit Eigentümerin von Gut Kröchlendorff bleibt sie natürlich, mindestens noch für die nächsten sechs Jahre, bis alle Kredite abgezahlt sind. Barbara von Oppen, eine aparte Frau, die jünger aussieht als 67, ist jetzt genau in dem Alter, über das in der aktuellen Rentendebatte so heftig diskutiert wird. Nein, ein Vorruhestand wäre für sie nicht in Frage gekommen, aber jetzt denkt sie doch daran, in Zukunft etwas weniger zu arbeiten und nachzuholen, was in den letzten Jahren zu kurz kam.

Dass sie eines Tages Landwirtin sein würde, war ihr nicht in die Wiege gelegt worden. Als Mädchen und einziges Kind ihrer Eltern war sie als Erbin nicht vorgesehen. Gutsherr war der Großvater Detlev von Arnim, der in dem 1847 erbauten Schloss Kröchlendorff lebte und den 4.000-Hektar-Besitz, zu dem auch Wald und der Kuhzer See gehörten, bewirtschaftete. Die Familiengeschichte der von Arnims, die seit dem 15. Jahrhundert in der Uckermark ansässig waren, wurde durch Erzählungen, Fotografien und Bilder weitergegeben. Eigene

rium der Mark Brandenburg. 1947 starb er mit 69 Jahren in Berlin, nur drei Monate nach dem Tod seiner Frau.

Barbara von Arnim wächst in Niedersachsen auf. Mit 20 begegnet sie beim Balten-Ball in Hannover ihrem künftigen Mann Matthias von Oppen. Auch seine Familie stammt aus Brandenburg, auch sie wurde 1945 enteignet und vertrieben. Manch einer mag dieses Kennenlernen eine schicksalhafte Fügung nennen. Weniger romantische Gemüter sehen darin auch eine praktische Seite. Die gemeinsame Herkunft ist eine starke Bindung und wird sich als festes Fundament dieser Beziehung erweisen.

Erinnerungen an Kröchlendorff kann die im letzten Kriegssommer geborene Barbara von Arnim nicht haben. Ihre Mutter floh mit ihr im April 1945 vor der heranrückenden Roten Armee nach Niedersachsen, wohin der Vater, kriegsverwundet von der Ostfront, nachkam. Ihr Großvater wollte in Brandenburg bleiben. Selbst dann noch, als er nach Plünderung und Enteignung das Dorf 1946 verlassen musste. Nach seiner Ausweisung gingen er und seine Frau nach West-Berlin. Der tief religiöse Mann und Anhänger der Bekennenden Kirche, der neben der Landwirtschaft zeitlebens in verschiedenen Gremien der evangelischen Kirche tätig war, fand eine Anstellung als Referent beim Evangelischen Konsisto-

Nach der Heirat geht das Paar zunächst nach Illinois in die USA, später für zwölf Jahre nach Indien. Drei Kinder werden geboren. 1986 folgt Matthias von Oppen, studierter Agrar-Ökonom, einem Ruf der Universität Hohenheim in Stuttgart und kehrt mit der Familie nach Deutschland zurück. Sie tut alles, um heimisch zu werden und sich mit der schwäbischen Mentalität anzufreunden. Die Kinder gehen in Stuttgart zur Schule, ein Haus wird gekauft, ein Freundeskreis aufgebaut – dennoch, Baden-Württemberg wird ihnen nicht zur Heimat.

Je länger sie im kühlen Deutschland bleiben, desto deutlicher lockt das Sehnsuchtsland Indien als vorstellbarer Alterswohnsitz.

Nur ein Mal besucht Barbara von Oppen zu DDR-Zeiten Kröchlendorff. Und glaubt, damit für sich einen Schlusspunkt zu setzen. Noch heute erinnert sie sich genau und nicht ohne Erschütterung an diese Reise, die sie mit ihrem Mann, den Kindern und den Eltern unternimmt. Es ist der Spätsommer 1987 zur Erntezeit. Es regnet, die Mähdrescher auf den Feldern kommen nicht weiter. Ihr Vater, sonst wortkarg und verschlossen, geht zu den Leuten und spricht mit ihnen. Beim Anblick des Schlosses, des kaputten Hofes und der verfallenen Gebäude sieht sie ihren Vater zum ersten und einzigen Mal weinen. Später dann auf der Rückfahrt sagt er seiner Tochter, dass es jetzt gut sei und er einen Strich machen und das Kapitel Kröchlendorff beenden könne.

Den Mauerfall erlebt die Familie in Stuttgart. Sie ist fasziniert von den Bildern, die im Fernsehen übertragen werden. Noch 1989 fahren sie in die Uckermark, genießen den Taumel der Begeisterung und zum ersten Mal eine Reise ohne Visum und Formalitäten in den Osten Deutschlands. Spätestens zu Ostern 1990, als sie bei Gorleben mit dem Boot über die Elbe setzen und wieder freundlich empfangen werden, steht für Matthias von Oppen fest, dass er zurückkehren will. Ganz im Gegensatz zu seiner Frau.

Barbara von Oppen sieht auch die Schwierigkeiten. Das Land ist enteignet, das Wohnhaus verfallen, sie selbst hat keine Ahnung von Landwirtschaft und ihr Mann ist nur Theoretiker. Sie mag keine überstürzten Entschlüsse. Und dieser Schritt will gut überlegt sein. „Ich bin der Erbsenzähler von uns beiden, der realistische Teil und will immer alles ganz genau wissen, bevor eine Entscheidung getroffen wird. Mein Mann dagegen sagt: Die Welt ist schön, die Menschen sind gut – lass' es uns machen! Für ihn war sofort klar, dass er zurückgehen und wieder in der Heimat seiner Vorfahren leben will."

Pfingsten 1993 erlebt sie ihre persönliche Wende. Genau erinnert sie sich an den Moment, der ihr die Entscheidung leicht gemacht hat. Auf einer Anhöhe stehend sieht sie die Sonne aufgehen. Unter ihr liegt das Dorf. Sie lauscht dem Wind und hört frühe Nachtigallen schlagen. Und plötzlich schimmert das wogende Gerstenfeld in der Morgensonne wie ein Teich, silbern und geheimnisvoll. Sie erlebt einen fast mystischen Moment und die sonst so nüchterne Frau lässt sich von der Poesie des Augenblicks überwältigen. Plötzlich weiß sie, dass sie bleiben will. „Meinem Mann habe ich dann gesagt: Ich mach das. Irgendwie kriege ich das hin."

Matthias von Oppen ist groß, hat eine kräftige Statur und ein Stimmvolumen, mit dem er sich bei jeder Vorlesung mühelos Gehör verschaffen konnte. Bekleidet ist er mit einem roten Poloshirt eines bekannten Modeschöpfers aus Potsdam und einer hellen Baumwollhose, die deutliche Spuren des uckermärkischen Landes trägt. Behutsam zieht er den Schaukelstuhl zu

mehr als die Außenmauern. Aber es ist ein Anfang. Der Wiederaufbau ist mühsam und kostspielig. Manche Dörfler schütteln den Kopf über so viel Optimismus und Heimatverbundenheit. Das Schloss, in dem die Vorfahren von Barbara einst residierten, wollen die Oppens nicht zurück haben, auch wenn es die DDR-Zeit äußerlich fast unverändert überstanden hat. Nach dem Krieg bietet es zunächst Flüchtlingen und Umsiedlern eine provisorische Unterkunft. Es

sich heran und achtet darauf, den hellen Teppich nicht mit seinen sandigen Pantinen zu betreten. Matthias von Oppen strahlt eine grundsätzliche Gelassenheit aus. Es ist die Gelassenheit desjenigen, der angekommen ist und bei dem Wunsch und Wirklichkeit eins geworden sind. Der promovierte Hochschulprofessor ist jetzt 72 Jahre alt und seit sechs Jahren im Ruhestand. Niemals hätte er gedacht, dass er eines Tages hier sitzen würde, in Brandenburg auf eigenem Grund und Boden.

1991 kauft das Paar das Inspektorenhaus, in dem die Eltern von Barbara bis 1945 gelebt haben. Nach fünfzehn Jahren Leerstand existiert davon nicht viel

entgeht dem ursprünglich geplanten Abriss, weil es 1949 von der Sozialversicherungsanstalt Brandenburg übernommen wird, die darin eine Tuberkulose-Heilstätte einrichtet. Von 1961-1990 wird es zum Kindererholungsheim „Frohe Zukunft". Heute gehört es der Deutschen Gesellschaft für Europäische Erziehung, die es nach umfang-reichen Sanierungen als Tagungs- und Veranstaltungshaus nutzt. Seit einigen Jahren erfreut sich das Schloss zunehmender Beliebtheit bei heiratswilligen Paaren, die die märchenhafte Kulisse gerne für ihr Ja-Wort buchen.

Die benachbarte kleine Schlosskirche aus dem 19. Jahrhundert wurde 1968 entwidmet und ist seitdem keine kirchliche Einrichtung mehr. Die Gemeinde Nordwestuckermark hat das Gebäude von 1993-2002 aufwändig saniert und so das Kleinod im neogotischen Stil erhalten. Auch dieses Gebäude kann jetzt für Veranstaltungen gebucht werden. Für manch feiernden Gast mag es dennoch gewöhnungsbedürftig sein, wenn jetzt in der Apsis statt eines Altars das kalte Buffet für eine Hochzeitsgesellschaft steht. Doch in einem Land, in dem sich weniger als ein Viertel der Einwohner dem christlichen Glauben verpflichtet fühlt, ist es nicht mehr unüblich, dass auch Atheisten bei ihrer Hochzeit das Ambiente eines kirchlichen Gebäudes favorisieren.

1992 lässt sich Matthias von Oppen ein halbes Jahr von seiner Universität beurlauben, bezieht eine kleine Wohnung im Dorf, pachtet 50 Hektar Boden und beginnt mit einem geliehenen Traktor, das Land zu bestellen. Er will wissen, wie es sich anfühlt, Landwirt zu sein. Nach sechs Monaten muss er wieder zurück an die Universität.

Nicht alle im Stolpe-Kabinett begrüßen die Rückkehr des „Brandenburger Adels“. Im Gegensatz zum Ministerpräsidenten findet die beim Volk so beliebte Sozialministerin eher harsche Worte, wenn von den Rückkehrern auf Schwierigkeiten hingewiesen wird. „Selber schuld! Warum sind Sie denn auch zurückgekommen?“ ist die knappe Reaktion. Etwas differenzierter reagieren die Menschen im Dorf. Manche sehen den Heimkehrern optimistisch entgegen, hoffen auf

Investitionen und Arbeitsplätze. Andere begegnen ihnen mit deutlichem Misstrauen. „Eines aber sind die Brandenburger: geradlinig und ohne Schnörkel. Man weiß sofort, woran man ist“, so die Erfahrung von Barbara von Oppen. Inzwischen mag sie diese direkte Art des Umgangs.

Nein, mit offenen Armen werden sie nicht empfangen, bestenfalls mit abwartender Neugierde. Die Stimmung wandelt sich erst, als Barbara von Oppen beschließt zu bleiben. Sie zieht um, die Tochter geht in Prenzlau zur Schule. Dass auch sie selbst noch einmal eine Ausbildung macht, nötigt den neuen Nachbarn im Dorf Respekt ab. Und wohl auch, dass sie, ebenso wie viele andere Ostdeutsche, eine Wochenend-Ehe führt. Elf Jahre pendelt ihr Mann alle zwei Wochen zwischen Stuttgart und Brandenburg. Es spricht für die beiden, dass ihre Partnerschaft dieser Belastung standhält.

Gefragt, welche Veranlagung notwendig sei, um diese Aufbauleistung zu vollbringen, sagt Barbara von Oppen: „Es ist wohl zweierlei: Eine gewisse Naivität, nicht zu wissen, worauf man sich einlässt, gepaart mit dem Willen, sich hier in der Heimat ein neues Zuhause zu schaffen.“ Leicht war es nicht. Barbara von Oppen, die ausgebildete Innenarchitektin und Yogalehrerin, schafft die Agrar-Meisterprüfung und kann den eigenen Betrieb selbst bewirtschaften. Jetzt ist sie angekommen und weiß, wo ihre Wurzeln sind. „Noch nie“, sagt sie, „habe ich eine so lange Zeit an einem Ort verbracht wie hier in Kröchlendorff.“ Sicher ist das auch

Früher interessierte sich Barbara von Oppen nicht für Politik. Doch seit sie hier lebt, ist das anders. Sie ist nicht nur Landwirtin und verantwortlich für einen Betrieb von 500 Hektar, sondern wird auch zur Gemeindevertreterin gewählt und engagiert sich in der Kirche. Sie mischt sich ein, organisiert Weihnachtsfeste und Osterfeiern für die Dorfgemeinschaft, „weil hier ein Ort ist, der mich etwas angeht, der mit mir zu tun hat und für den ich mich verantwortlich fühle." Das ist neu für sie. Sie sagt auch: „Wenn es nur mein Mann gewesen wäre, der sein Land zurückhaben wollte, dann weiß ich nicht, ob ich auch hierher gegangen wäre. Doch jetzt interessiert mich die Geschichte meiner Vorfahren, jetzt lese ich sogar die Familienchronik." Sie überlegt kurz, bevor sie ihr persönliches Resümee zieht: „Inzwischen bin ich eine echte Uckermärkerin geworden."

Auch für Matthias von Oppen schließt sich ein Kreis. Hier in der Uckermark entdeckt er Bilder und Gerüche aus Kindertagen wieder, die bei ihm längst vergessene Empfindungen auslösen. Er mag das schräg fallende Licht am Abend und den ersten Nebel im Herbst. Er liebt den Geruch feuchter Erde nach einem Sommerregen und erinnert sich an den herb-süßen Duft von Holunderbeeren, der lange und schwer in der Küche hing, wenn die Mutter Saft daraus machte.

Es sind frühe Erinnerungen an Geborgenheit und Wärme. Als Kind galt er als schwer erziehbar, war jähzornig und Pyromane. Er ist fest davon überzeugt, dass die traumatischen Ereignisse von Kriegsende und Vertreibung die Ursache dafür gewesen sind. Die Bilder

die intensivste und aufregendste Zeit ihres Lebens. Sie denkt nicht viel darüber nach, woher sie die Kraft und Energie genommen hat. Vielleicht aus der besonderen Mischung von preußischer Erziehung und indischer Entspannungstechnik.

haben ihn bis heute nicht verlassen. Nach der Plünderung und Verwüstung wurde das Gut seiner Familie niedergebrannt. „Da lagen sie, die verbrannten Ochsen im Stall, noch angekettet." Er war fünf damals und kann den Anblick bis heute nicht vergessen. Ruhig erzählt Matthias von Oppen davon und mit dunkler Stimme.

Die persönliche Bilanz des Paares ist zwanzig Jahre nach der deutschen Einheit durchaus positiv. Für das gesamte Land Brandenburg könnte sie noch positiver sein. Matthias von Oppen schätzt, dass weniger als zehn Prozent der früheren Gutsbesitzer zurück gekehrt sind und von denen die Hälfte auch wieder aufgegeben hat. „Die Politik hätte bessere Bedingungen schaffen müssen", sagt er und erinnert an die Situation von 1945: „Die Enteignungen in der SBZ betrafen alle Betriebe, die mehr als 100 Hektar besaßen. Vor 20 Jahren wäre es ein politisches Signal der Vernunft gewesen, wenn bei ihrer Rückkehr die Altbesitzer 100 Hektar Land zurückbekommen hätten. Fürs Erste hätte das genügt, um ein Gutshaus zu erhalten. Die Leute hätten ihr Geld mitgebracht, Mitarbeiter angestellt, Maschinen angeschafft." Oppen, dessen Beruf es war, ökonomisch sinnvolle Lösungen zu finden, schüttelt den Kopf. „Nein, politisch war dieser Weg von der Kohl-Regierung nicht gewünscht. Die wollten im Osten nur die Wahl gewinnen. Es ist schade, welche Energie damit verloren gegangen ist." Der Agrarökonom ist davon überzeugt, dass es besser gewesen wäre, wenn in diesem gewaltigen Umverteilungsprozess nicht das Finanzministerium, sondern das Wirtschaftsministerium die entscheidende Rolle gespielt hätte.

Seine Frustration sitzt tief, seine Enttäuschung hält bis heute an. Dennoch blickt er nicht länger im Zorn zurück, sondern engagiert sich für ein neues Projekt. Was für ihn klar und logisch ist, klingt für Laien kompliziert. Es geht um Biomassekraftwerke. Genauer gesagt: um Wasserstoffgewinnung aus Biomasse. Dafür hat von Oppen versuchsweise auf fünf Hektar Weiden angebaut, die nach drei Jahren geerntet und dann in einem speziellen Verfahren wieder in Kohlenstoffdioxid und Wasserstoff getrennt werden sollen. Im Verhältnis zu Getreide bieten die schnell wachsenden Weidenruten einen finanziellen Vorteil. Sie müssen nicht jedes Jahr neu gepflanzt werden und wachsen ganz ohne Dünger. Die Energie-Ausbeute ist nach seinen Berechnungen auch günstiger, sie liegt bei 25 Prozent Elektrizität und 75 Prozent Wärme. Vorhandene Erdgasleitungen könnten genutzt werden und nach Installation sogenannte Brennstoffzellen mit Wasserstoff versorgen, so dass auch private Haushalte davon profitieren. Noch ist die „grüne Wasserstoffwirtschaft" eine Vision, doch Matthias von Oppen ist von der Idee überzeugt. Unbeirrt wirbt er für dieses Verfahren, knüpft Kontakte und baut an einer ersten Versuchsanlage. Es leuchtet ein, wenn er seine Idee für die dünn besiedelte Uckermark in dem griffigen Satz zusammenfasst: „Als Landwirte müssen wir auch Energie anbauen." Genug Fläche ist vorhanden.

Eltern, dass er viel lieber Ton-ingenieur sein würde. Er machte eine zweite Ausbildung und ist jetzt glücklich in diesem Beruf. In Kröchlendorff lebt auch er nicht mehr. „Wahrscheinlich wollte die Freundin nicht", vermutet Matthias von Oppen. „Die Frauen müssen mitziehen, sonst klappt das nicht."

Später wird seine Frau sagen, wie sehr es ihn getroffen hat. Und sie wird von der Hoffnung sprechen, dass ein Enkel vielleicht den Betrieb übernimmt. Wieder ist sie die Pragmatische und konzentriert sich auf die Probleme, die jetzt zu lösen sind. Die Pachtverträge laufen aus, bald muss entschieden werden, wie es weitergeht. Sollen sie kaufen? Oder doch wieder pachten, aber zu schlechteren Bedingungen?

Barbara von Oppen und ihr Mann wollen so lange weitermachen, wie es geht. Er wagt einen vorsichtigen Blick in die Zukunft: „Wenn die Kredite einmal abgezahlt sind, könnte es eine lukrative Sache werden; aber reich wird man sicher nicht." Vielleicht lassen sich die Enkel doch noch anlocken, hierher, in die alte und neue Heimat. Früher dachten beide, dass Heimat immer dort sei, wo die Familie ist. „Also war Indien lange unsere Hei-

Der Tatendrang und Optimismus von Matthias von Oppen ist nicht zu dämpfen. Mit einer Einschränkung vielleicht: Er ist ein Landwirt ohne Nachfolger. Wie ihm zumute ist, will er sich nicht anmerken lassen. Stattdessen findet er sachliche Erklärungen. Der große Sohn lebt in Indien, hat dort eine Familie gegründet und seine Heimat gefunden. Die Tochter hat in Kröchlendorff geheiratet, ist aber fortgezogen. Danach konzentrierten sich alle Erwartungen auf den jüngeren Sohn. „Mag sein, dass wir ihn damit überfordert haben", sagt der Vater heute. Es soll nüchtern klingen und die Enttäuschung in seiner Stimme verdecken. Nach absolvierter Ausbildung zum Landwirt eröffnete der Sohn seinen

mat. Wir hatten auch schon beschlossen, dass unsere Asche einmal im Ganges verstreut werden soll. Doch jetzt wissen wir, dass wir hier beerdigt werden wollen, in dieser, unserer Erde. Bei unseren Vorfahren."

Asien trifft Europa – geschickt vereint Barbara von Oppen beide Kulturen in ihrem Haus. Der Wohnraum wird von einer fröhlichen Mischung aus Biedermeier-Möbeln, Ikea-Regalen und indischen Accessoires beherrscht. Hier wird gelebt und gearbeitet. Silberne Kerzenständer und edles Porzellan behaupten ihren Platz neben hölzernen Gottheiten, exotischen Marionetten und einer Gruppe indischer Tänzer und Musiker im Miniaturformat.

Neben den alten Stichen und Bildern fällt ein neues auf: Es ist eine sorgfältig gezeichnete, detailreiche Darstellung des Gutes. Wohnhaus, Wirtschaftsgebäude, Schloss, Teich und viel grüne Wiese werden umrahmt von Bäumen und Sträuchern. Um den richtigen Blick auf das instand gesetzte und wieder aufgebaute Ensemble zu finden, hat der Künstler für sein farbiges Gute-Laune-Bild lange nach einem geeigneten Platz gesucht. Von einer Baggerschaufel aus hat er ihn schließlich gefunden. Jetzt hängt das fertige Bild im Wohnzimmer gleich neben der Tür und ist sichtbarer Beweis für die Aufbauleistung der Familie von Oppen.

Ernte in der Uckermark

Clemens und Victoria Graf und Gräfin Hahn von Burgsdorff
Botho und Saskia Graf und Gräfin Hahn von Burgsdorff
und die Kinder Xenia, Fedor, Rubina und Annafee

Ein Schloss
für drei Generationen

Das alte Schloss braucht Hilfe. Auch wenn es wie eine Trutzburg aussieht, wird es nicht mehr lange dem Verfall trotzen können. Wenig wurde zu seiner Erhaltung getan, zuletzt wohl gar nichts mehr. Seit Jahren steht es leer. Das Dach ist löchrig, der Putz großflächig abgeplatzt, Türen und Fenster sind mit Brettern vernagelt, Veranda und Freitreppen marode und drohen einzustürzen.

Dieser Anblick bietet sich Graf und Gräfin Hahn von Burgsdorff, als sie im Januar 1990 das uckermärkische Dorf Blankensee besuchen und vor dem Schloss stehen, das vom Urgroßvater der Gräfin, Friedmund von Arnim, rund 130 Jahre zuvor erbaut wurde und bis 1945 der Familie gehört.

Anton Friedmund Nepomuk wird im Februar 1815 als dritter Sohn des Dichterehepaares der Romantik Ludwig Achim und Bettina von Arnim in Berlin geboren. Er wächst mit seinen sechs Geschwistern sowohl bei der Mutter in Berlin als auch beim Vater in Wiepersdorf auf. Beide Erfahrungen prägen ihn und werden sein Leben bestimmen. Er ist ein eigenwilliger Mensch mit vielen Begabungen. Die Schule besucht er ungern und nur mit mäßigem Erfolg, an eine Universität zieht es ihn nie. Mit knapp 30 Jahren übernimmt er das der Familie gehörende Gut Blankensee und bewirtschaftet es so erfolgreich, dass er später auch Gut Wiepersdorf vor dem Ruin bewahren kann. Friedmund von Arnim lebt bescheiden in einem Fachwerkhaus, sucht den Einklang mit der Natur und ist beliebt bei seinen Bauern, die in ihm einen gerechten und freundlichen Gutsherren haben. Er ist ein Anhänger der Rousseauschen Naturlehre und eignet sich als Autodidakt naturheilkundliches Wissen an. Ermuntert von den Brüdern Grimm, die mit den Eltern befreundet sind, beginnt auch er Märchen zu sammeln, die er 1844 unter dem etwas irreführenden Titel „Hundert neue Mährchen im Gebirge gesammelt" veröffentlicht. Es sind nur zwanzig, denen keine weiteren folgen werden. Aber sie finden wohlwollende Beachtung bei den Grimms und einige, wie „Der eiserne Hans", werden in die Sammlung der Kinder- und Hausmärchen aufgenommen.

Die enge Bindung des Sohnes an seine berühmte und von ihm hoch verehrte Mutter Bettina besteht bis zu ihrem Tod. In hunderten, erhalten gebliebenen Brie-

Dennoch findet Friedmund erst spät eine Frau. Im Alter von 46 Jahren heiratet er die 21-jährige Marie von Trott zu Solz. Für sie und die in schneller Folge geborenen drei Söhne errichtet er ein neues Wohnhaus. Seine wohl durchdachten Entwürfe sehen kein elegantes Herrenhaus mit Seitenflügeln und Mansarddach vor, sondern ein, ihm viel mehr entsprechendes, recht ungewöhnliches und im Wortsinne merkwürdiges Gebäude. Das neue Herrenhaus lässt er auf einem Hügel

fen ist der rege Gedankenaustausch zwischen den beiden nachzulesen und viel von den Lebensumständen der Familie von Arnim zu erfahren.

Historiker nennen Friedmund einen „naturverbundenen Außenseiter" und „exzentrischen Tüftler", der nie aus dem Schatten der legendären Mutter heraustritt. Heute würde man ihn wohl als Aussteiger und – durchaus erfolgreichen – Lebenskünstler bezeichnen. Einig im Urteil über ihn sind die jüngeren Schwestern, wie von Maximiliane zu erfahren ist: „Von unseren Brüdern liebten wir Friedmund, 'unseren Friedel', um seiner Herzensgüte und seines originellen Wesens willen besonders..."

erbauen. Als Baumaterial verwendet er auch Ziegel aus der eigenen Brennerei. Abweichend von der Linienführung der Straßen dreht er das Haus so, dass der Eingang nach Norden zeigt, Küche und Schlafzimmer östlich liegen und die Wohn-, Ess- und Arbeitsräume nach Süden und Westen ausgerichtet sind. So folgt der Tagesablauf der Bewohner dem Stand der Sonne.

Das Haus, das einem Würfel nicht unähnlich ist, hat einen quadratischen Grundriss. Auf einem Sockel aus Feldsteinen erheben sich drei Etagen, die genügend Platz bieten für die wachsende Familie, für Gäste und auch für Dienstboten, die im obersten Stockwerk untergebracht werden. Die an den vier Ecken in die Höhe strebenden Erker nehmen dem Haus ein wenig von seiner Wucht und schaffen zusätzliche Ausblicke. Geradezu elegant sind die Außentreppen, die in feinen Schwüngen von den südlich und westlich gelegenen Terrassen in den das Haus umgebenden Park führen. Die Fassade ist klar gegliedert und eher schmucklos, nur die Fensteröffnungen im obersten Stockwerk sind in einer Art maurischem Stil gehalten.

Wie durchdacht das Haus ist, zeigt sich auch im Inneren. Gleich hinter der Eingangstür geht es in die oberen Etagen. Die dreigeteilte Treppe mit dem filigran gearbeiteten Geländer aus Gusseisen ist von schwebender Leichtigkeit. Kernstück des Hauses ist der zentrale, siebzig Quadratmeter große und wohlproportionierte Raum im Erdgeschoss. Rechts und links davon liegen die anderen Zimmer, geradeaus aber kann der Blick über die Terrasse ins Grüne schweifen. Zweifellos spielt sich hier das Familienleben ab, man wärmt sich am Kamin und trifft sich in geselliger Runde. Der jungen Ehefrau muss es gefallen haben, das Schloss wohnlich zu gestalten. In einem Brief von Friedmund ist zu lesen, dass die Zimmer jetzt „sehr hübsch und bequem eingerichtet" sind und er viele Möbel gekauft hat, die „meine alten Möbel aus dem Zimmer gejagt haben".

Die Ehe währt nur kurz, vier Jahre nach der Hochzeit stirbt Marie nach der Geburt des dritten Sohnes. Auch wenn das Zusammenleben des ungleichen Paares nicht einfach war, verwindet Friedmund diesen Schicksalsschlag nur schlecht. Seine Schwester Maximiliane schreibt einer Freundin, dass der Bruder nach dem Tod seiner Frau „noch abenteuerlicher als früher" lebt, „ganz als einsamer, bedürftiger Philosoph" und teilt weiter mit: „Das Haus, das er für sie gebaut hat, lässt er verfallen ... seine Kinder lässt er wild aufwachsen ... es sind prachtvolle, kluge Jungens ... sie sollen sich ganz in Freiheit á la Rousseau entwickeln...".

Friedmund von Arnim wird nicht wieder heiraten. Er widmet sich ganz der Natur und Landwirtschaft und schreibt Bücher, die er im Selbstverlag herausgibt und in denen er sich vor allem mit alternativer Heilkunde befasst. 1883 stirbt er in Blankensee und findet auf dem kleinen Friedhof am Waldrand neben seiner Frau Marie die letzte Ruhe.

Rund 60 Jahre später müssen seine Nachkommen das Schloss und auch das Land verlassen. Victoria Gräfin Hahn, geborene von Arnim, ist zwei Jahre alt, als ihre Eltern 1945 enteignet und ausgewiesen werden. Die Mutter erzählt später von einem „schreienden Bündel", das nicht begreift, warum es sein Zuhause verliert und versteckt den eigenen Schmerz hinter der Erinnerung an die weinende Tochter. Wenig können sie bei ihrer Vertreibung mitnehmen. Hausrat, Möbel, Bücher und Kunstwerke bleiben im Schloss und gehen verloren. Das, was die von Arnims retten können und noch von Wert ist, wird später gegen Nahrungsmittel eingetauscht oder verkauft. Nur zwei Bilder bleiben im Familienbesitz. Es sind die Porträts von Victorias Vater Ludwig Achim von Arnim und dem Großvater Achim von Arnim, einem Diplomaten aus der Kaiserzeit.

Doch die Mutter will den endgültigen Abschied nicht hinnehmen. Noch lebt Victorias Großmutter in Ahrensdorf in der Nähe von Templin. Bei ihr mieten sich beide ein. Da die Großmutter weniger als 100 Hektar besitzt, wird sie nicht enteignet und darf in Ahrensdorf bleiben.

Victoria verlebt dort die Sommer und wird 1950 sogar in Templin eingeschult. Den ersten Unterricht in Schreiben, Lesen und Rechnen bekommt sie in der DDR und ihr Langzeitgedächtnis fördert zuverlässig noch immer die erste Strophe eines Gedichtes aus jener Zeit zutage: „Mein Bruder ist ein Traktorist, in einem Dorf in Sachsen; er leistet, was nur möglich ist, damit die Halme wachsen...". In der letzten Strophe kämpft der Traktor fahrende Bruder für den Frieden und wird ein „Aktivist" und damit zum propagandistischen Vorbild für jeden Erstklässler in der jungen DDR.

Als die Großmutter 1950 stirbt, ist die Mutter rechtmäßige Erbin und will Land und Haus übernehmen. Es ist nicht möglich. Mehrmals wird sie bei ihren Fahrten von West-Berlin nach Templin aus dem Zug geholt, festgehalten und befragt. Sie gibt auf. Auch dieses Land wird enteignet, den Grund und Boden bekommt die LPG. Die Familie von Arnim verlässt West-Berlin, geht zunächst nach Schleswig-Holstein, später nach Bonn. Bis zum Mauerfall werden weder Victoria noch ihre Eltern die alte Heimat besuchen.

Das Schloss in Blankensee wird zum Quartier für Flüchtlinge aus Schlesien und Pommern. Zeitweise leben über 80 Menschen darin, die alles verloren haben und deshalb fast alles gebrauchen können, was der Arnimschen Familie gehörte. Bücher sind in der Zeit des Mangels eher wertlos. Und so findet der ehemalige Verwalter 1946 auf einem Schutthaufen neben dem Schloss rund 150 Bücher der herrschaftlichen Bibliothek – neben lateinischen Schulbüchern und Bänden des Konversationslexikons sind es auch Werke von Goethe und Schiller. Er sammelt sie ein und bewahrt sie viele Jahre auf, bis sie zusammen mit den beiden Bildern der Ahnen wieder ins Schloss zurückkehren werden.

An jenem regnerisch-grauen Tag im Januar 1990 ist noch lange nicht klar, ob Graf und Gräfin Hahn in die Uckermark und damit in das alte Schloss von Victorias Vorfahren zurückkehren werden. Die Heimat von Clemens Graf Hahn von Burgsdorff ist Mecklenburg. Dort gehörte die Familie zu den größten Grundbesitzern, deren Geschichte bis ins 14. Jahrhundert zurückreicht. Stammsitz derer von Hahn war das prächtige Basedower Schloss im heutigen Landkreis Demmin. Clemens Graf Hahn erinnert sich gut an seine Kindheit in Liepen bei Malchin, wo die Familie Land- und Forstwirtschaft betrieb. Er ist sechs, als der Krieg zu Ende geht. Der Vater ist an der Ostfront in Kriegsgefangenschaft geraten und wird nicht wiederkehren. Die Mutter flieht mit ihren drei Kindern vor der anrückenden Roten Armee, kommt so der späteren Enteignung zuvor. Zunächst bleibt sie in Mecklenburg, erlebt in Hagenow bei einer Cousine das Kriegsende und die britische Besatzung. Im Sommer 1945 wird Deutschland, wie von den Alliierten auf der Jalta-Konferenz im Februar 1945 vereinbart, in Besatzungszonen aufgeteilt, und damit der Landkreis Hagenow unter sowjetische Besatzung gestellt. Gräfin Hahn verlässt daraufhin Mecklenburg mit einem britischen Passierschein Rich-

tung Westen. Sie findet in Niedersachsen mit ihren drei Kindern eine neue Heimat. Mecklenburg wird sie erst nach dem Mauerfall wieder besuchen.

Als ältester Sohn und Erbe von Gut Liepen war der Berufsweg von Clemens Graf Hahn eigentlich vorbestimmt. Doch ein Landwirt ohne Land ist „ziemlicher Unsinn" befindet seine Mutter. Und so geht Clemens zum Studium nach West-Berlin und wird Elektro-Ingenieur. Dort lernt er Victoria kennen. Die gleichen Erfahrungen verbinden sie. Sie heiraten, ziehen nach Bayern und gründen eine Familie.

Der Kontakt nach Mecklenburg bleibt bestehen. Über die Johanniter werden regelmäßig Pakete nach Liepen geschickt. Die Empfänger sind unbekannt. Der Graf erfährt vom Pfarrer aus Mecklenburg lediglich, wer bedürftig ist. Der Inhalt der Pakete ist festgelegt; zuerst sind es Grundnahrungsmittel, auch Nähzeug, Blumenzwiebeln und allerlei Nützliches für Haus und Garten, später vor allem Kaffee, Kakao und Schokolade. Die „Westpakete" sind hochwillkommen in der devisenarmen DDR, besonders der Kaffee entlastet die sozialistische Volkswirtschaft. Erst 1988 fährt Graf Hahn zusammen mit seiner Frau und den drei Kindern zum ersten Mal wieder nach Mecklenburg und wird dort überaus freundlich begrüßt. Beschenkte und Schenkende lernen sich kennen. Es leben nur noch wenige, die sich an die alte Herrschaft erinnern können. Die bestaunte Attraktion aber ist der Mercedes, der sich als einziger Pkw zwischen den Lkw einreiht, um Diesel zu tanken. Die gräflichen Kinder erleben ein in jeder Weise

tionalen Begegnungen mit den Stätten ihrer Kindheit folgen nüchterne Bestandsaufnahmen. Weder Haus noch Land werden rückübertragen, ein Neubeginn wird Zeit, Geduld und vor allem Geld kosten. Das Paar ist realistisch genug zu erkennen, dass sie vor einer Lebensaufgabe stehen, die sie nur mit Hilfe der nächsten Generation bewältigen können. Der Zufall – oder das Schicksal – will es, dass der älteste Sohn Botho, der gerade sein Abitur gemacht hat, noch unschlüssig ist, welchen Berufsweg er einschlagen will. Von seiner Entscheidung hängt ab, ob die Familie sich auf das Abenteuer einlässt oder nicht.

Die Hoffnung in Mecklenburg wieder Fuß zu fassen, scheitert schnell, weder das frühere Herrenhaus noch Land können erworben werden. Die Bemühungen richten sich deshalb auf die Uckermark. Das entspricht ganz dem Wunsch der Mutter, Ruth Silva von Arnim, die – inzwischen in Salzburg lebend – Tochter und Schwiegersohn aus der Ferne unterstützt. Auch wenn sie nur besuchsweise in die alte Heimat zurückkehren wird, ist es für sie eine späte Genugtuung, dass ihre Nachkommen an die Arnimschen Traditionen anknüpfen werden. Es sollen dennoch zehn weitere Jahre vergehen, bevor Graf und Gräfin Clemens und Victoria Hahn ins Blankenseer Schloss einziehen werden.

Nach der Entscheidung des Sohnes Botho, Agrarwirtschaft zu studieren, bemüht sich die Familie, Land zu kaufen oder wenigstens pachten zu können. Um selbst Landwirtschaft betreiben zu können, besucht Gräfin Hahn zusammen mit ihrem Schwager, der sich

unbekanntes Land und niemand ahnt, dass es knapp zwei Jahre später nicht mehr existieren wird.

Mit dem Mauerfall ändert sich auch im Leben der Familie von Graf und Gräfin Hahn alles. Den ersten emoin Mecklenburg niederlassen will, die Landwirtschaftliche Fachschule bei Neubrandenburg. Sie sind die ältesten Schüler. Das erste gepachtete Land wird von der Genossenschaft mit bewirtschaftet. 1997 gründet die Familie einen eigenen Betrieb und kann rund 500 Hektar pachten. Die Hälfte davon hat sie inzwischen auch gekauft.

Noch wohnt die Familie in München, fährt aber so oft wie möglich nach Brandenburg. Das ist nicht nur anstrengend, sondern auch hinderlich, wenn vor Ort Entscheidungen zu treffen sind und Kontakte geknüpft werden müssen. Victoria hat Glück und findet eine kleine Wohnung im Neubaublock des Dorfes, die für zwei Jahre zur Unterkunft wird. Geduld muss aufgebracht und Widerstände müssen überwunden werden, um im Januar 1998 endlich das Schloss kaufen zu können. Mit wenig Geld und viel Enthusiasmus wird es nach und nach instand gesetzt und wieder bewohnbar gemacht. Bald will die Familie ganz nach Blankensee ziehen. Als Küche, Schlafzimmer und Bad gerade fertig sind, stehen die Möbelwagen aus München vor der Tür. Und auch wenn in fast allen anderen Räumen noch gebaut und renoviert wird, beginnt für Victoria Gräfin Hahn und ihren Mann am 9.9.1999 ein neues Leben im alten Schloss ihres Urgroßvaters Friedmund von Arnim.

Heute leben drei Generationen im Schloss Blankensee. Graf und Gräfin Clemens und Victoria Hahn von Burgsdorff haben die erste Etage bezogen, darüber wohnen Sohn Botho mit seiner Frau Saskia und den vier Kindern.

Die große Familie strahlt Gelassenheit aus, der Umgang ist freundlich und aufmerksam. Wahrscheinlich gelingt nur so ein gutes Miteinander zwischen den Generationen, die sich – wenn es sein muss – auch aus dem Weg gehen können. Für ausreichend Platz hat der Erbauer Friedmund von Arnim gesorgt.

Die Besucher empfängt eine angenehm lässige Großzügigkeit. Hier wird nicht pingelig auf Ordnung geschaut, hier wird gelebt, gelacht und gearbeitet. Sandige Schuhe gehören dazu, ebenso wie die freundliche Deutsch Kurzhaar-Hündin Ida, die auch dann noch ruhig bleibt, wenn ihr Lieblingsplatz vor dem Kamin besetzt ist und die Lautstärke der Gespräche steigt. Für die Kinder ist im großen Wohnzimmer eine extra Tafel gedeckt, an die sie sich ohne Protest zurückziehen.

Gräfin Hahn ist das gut gelaunte Zentrum der Familie. In ihrer fröhlich-zupackenden Art wirkt sie so, als wäre sie nie etwas anderes gewesen als Schlossherrin und Landwirtin in der Uckermark. Graf Hahn genießt augenscheinlich den Trubel der Großfamilie. Allein durch seine körperliche Präsenz ist er ein Patriarch wie aus dem Bilderbuch. Seine Größe von 1,97 Meter wird nur durch Sohn Botho mit schlanken 2,05 Meter übertroffen. Botho Graf Hahn ist inzwischen Chef des Familienunternehmens Gut Blankensee und bewirtschaftet zusammen mit seiner Frau Saskia und zwei Angestellten rund 500 Hektar Land. Die junge Gräfin stammt aus Niedersachsen und ist passenderweise diplomierte Forstwirtin. Auf das Land seiner Vorfahren angesprochen und die lange Tradition, die er nun fortführt,

zehn Jahren nicht einmal wusste, wo die Uckermark auf der Landkarte zu finden sei. Doch die Möglichkeit, nach so vielen Jahren wieder an eine Familientradition anknüpfen zu können, findet sie toll und zögert nicht, die Chance zu ergreifen, etwas Neues aufzubauen. Mag sein, dass auch die Erzählungen ihrer Großmutter über die verlorene Heimat in Pommern die Entscheidung beeinflusst haben.

Im Jahr 2000 findet die Hochzeit statt, 2001 zieht auch das junge Paar ins Schloss. Alle vier Kinder – die Töchter Annafee, Xenia und Rubina und Sohn Fedor – kommen in Templin zur Welt und gehen in Gerswalde zur Schule. So normal wie möglich sollen sie aufwachsen und im Dorf integriert sein. Eines Tages, so wünschen sich die Eltern, wird eines der Kinder hoffentlich den wieder aufgebauten Betrieb übernehmen und die familiäre Tradition fortsetzen.

reagiert Botho wortkarg. Er spricht lieber von Weizen, Gerste, Hülsenfrüchten, dem ökologischen Kreislauf, den artgerecht gehaltenen Rindern und wie er gerade dabei ist, den Betrieb auf „Bio" umzustellen. Berlin sieht er als wachsende „Öko-Hochburg" und damit gute Chancen für seine Produkte.

Gräfin Saskia kennt ihren Mann, weiß, wie nüchtern er sein kann. Für sie war der berufliche Einstieg nicht weniger als „hochemotional". Sie erinnert sich an lange Gespräche und an damalige Fragen ihres zukünftigen Mannes, ob sie sich vorstellen könne, mit ihm in die Uckermark zu ziehen und Landwirtschaft zu betreiben. Ganz offen gibt sie zu, dass sie vor fünf-

Was der Generation von Saskia und Botho fehlt und auch nicht nachgeholt werden kann, ist der ungezwungene Umgang der Nachbarn miteinander, der dörfliches Leben prägt und ausmacht. Da sie nicht in Brandenburg geboren und aufgewachsen sind, bleiben sie für manche die Fremden, Graf und Gräfin, die aus dem Westen kamen und nun im Schloss wohnen. Die Prägung und Erziehung von 40 Jahren DDR sind auch 23 Jahre nach dem Mauerfall noch zu spüren. Doch unbeirrt freundlich baut Saskia nachbarschaftliche Kontakte auf, knüpft Netzwerke und findet Verbündete für ihre Ideen.

Die alte Ölmühle brachte die junge Gräfin zunächst darauf, auch Öl zu pressen. Die Gewinnung von Öl hat in der Uckermark eine lange Tradition, wie besonders schön im Mai zu sehen ist, wenn sich die Rapsfelder in leuchtend-gelbe Blütenflächen verwandeln. Dem setzt Saskia jetzt kräftig-rosarote Farbakzente entgegen. Schon das vierte Jahr baut sie auf einer Fläche von zwei Hektar Schlafmohn an und gewinnt daraus Mohnöl in hoher Qualität, das bereits auf der Grünen Woche prämiert wurde.

Vor die Wahl gestellt, die alte Ölmühle abzureißen oder dem Backsteinbau eine neue Bestimmung zu geben, haben sich Saskia und Botho entschieden, daraus ein familienfreundliches Heu-Hotel zu machen. Darin soll es neben den Gästezimmern auch eine Kaminhalle für Feste und Veranstaltungen geben, einen Hofladen, in dem eigene und regionale Produkte angeboten werden und ein kleines Café im angrenzenden Kirchgarten.

Im März 2012 sind Clemens Graf Hahn und seine Frau wieder einmal nach Mecklenburg gefahren. Diesmal haben sie den Kaufvertrag für das ehemalige Herrenhaus in Liepen unterschrieben. Es ist so heruntergekommen, dass die Gemeinde damit nichts mehr anzufangen weiß. Die Mittel für die Instandsetzung fehlen, ebenso ein Konzept für die Nutzung. Und so wird Graf Hahn im Alter von 73 Jahren wieder der Eigentümer des Hauses seiner Kindheit. Er sieht den Hauskauf auch als Investition in die Zukunft und denkt dabei an seine Kinder und Enkelkinder.

Wilsickow in Uckerland

Georg und Ilsa-Marie von Holtzendorff
mit Pflegekind Kevin

Heimat ist da,
wo ich gebraucht werde

Entschleunigung heißt das Sehnsuchtswort und ist ein Grund mehr, sich auf den Weg nach Uckerland, in den äußersten Zipfel Brandenburgs zu machen. Die Verabredung kommt schnell zustande und der geeignete Tag ist gleich gefunden: Ein Montag im März. Der Weg zu Ilsa-Marie von Holtzendorff führt nach Norden: „Von Potsdam aus sind wir der letzte Ort in Brandenburg, deshalb sagen wir lieber, wir sind der erste, wenn man aus Mecklenburg-Vorpommern kommt." Wilsickow im Kreis Uckerland gehörte in der zu DDR zum Bezirk Neubrandenburg und wechselte 1992 nach einem Bürgerentscheid wieder zurück in die Mark.

Gut zwei Autostunden müssen einkalkuliert werden. In der Woche ist der Verkehr gering, nur wenige haben einen Grund, hier unterwegs zu sein. Die letzten Kilometer führen über eine sehr neue Autobahn. Für eine plötzliche Irritation sorgt das Schild „Herzlich willkommen in Mecklenburg-Vorpommern!" Doch der Ausflug ins benachbarte Bundesland ist schnell beendet und Brandenburger Boden wieder erreicht. Wie zur Bestätigung säumen Windkrafträder die Autobahn, akkurat in einer Reihe aufgestellt, stehen sie da wie preußische Leibgardisten, zur Begrüßung angetreten.

Der Himmel strahlt in durchsichtigem Frühlings-Blau. Es ist die Zeit der letzten Schneeglöckchen und ersten Veilchen. Das zarte Grün an Bäumen und Büschen ist schon zu ahnen. Allein die Forsythie leuchtet weit in sattem Gelb.

Das Dorf Wilsickow hat vielleicht 25 Häuser und ist schnell durchschritten. Eine Kirche gibt es, im 13. Jahrhundert aus Feldsteinen erbaut, die fast zu mächtig ist für den kleinen Ort. Gegenüber steht die alte Schule. Kinder werden hier schon lange nicht mehr unterrichtet und auch der vor einigen Jahren eröffnete Landmarkt Arndt hat geschlossene Jalousien; die Konkurrenz der Einkaufszentren war wohl zu groß. Alles ist gepflegt und sauber und fast menschenleer. Da immer montags der Müll abgeholt wird, treten aus manchen Häusern Männer vor die Tür und rücken so lange an den Mülltonnen, bis diese exakt wieder am selben Platz stehen wie zuvor, ihnen aber Gelegenheit geben, die Fremde kurz zu mustern und ihr einen

Enteignung und Vertreibung der Holtzendorffs fanden zunächst Flüchtlinge hier eine Unterkunft. Später dann residierte der Rat der Gemeinde im Herrenhaus, nicht zuletzt deshalb, weil die beiden prachtvoll getäfelten Räume dem Bürgermeister einen würdigen Amtssitz boten. Im Erdgeschoss war die örtliche Konsum-Verkaufsstelle untergebracht.

Die Fassade eines anderen, ungewöhnlich schmalen und zur Straße fensterlosen Hauses schmückt ein Relief mit

guten Tag zu wünschen. Außerhalb der Saison fallen Besucher auf.

Am Dorfausgang liegt der Gutshof der Familie von Holtzendorff. Neben dem weit geöffneten Tor steht eine große, gut gestaltete Tafel und informiert über die Geschichte der Familie, der Gebäude und ganz allgemein über die Historie in der Region. Seit Mitte des 18. Jahrhunderts sind die Holtzendorffs hier ansässig, sie kauften das Gut, betrieben Landwirtschaft und bauten ein großes, zweigeschossiges Herrenhaus mit Mansarddach. Später wurde es mit einem Turm im Tudorstil und einem Anbau erweitert. Den Zweiten Weltkrieg überstand das Gebäude weitgehend unbeschadet. Nach der

dem Familienwappen. Darunter steht ein Satz des römischen Dichters Ovid, der die Lebensmaxime des Axel von Holtzendorff wiedergibt: „Auch Landleben und die Lust am Landbau erfreut das Gemüt; wer der Sorge sich weiht, hat vor den anderen Ruh."

Das Haus wurde 1923 von Axel für seine Frau Cäcilie als Alterssitz gebaut. Auf einer Orientierungstafel am Dorfeingang wird es noch als „Kleine Villa" ausgewiesen. Heute trägt das Haus den Namen „Oma Lentzes Kaffeestübchen" und erinnert an besagte Cäcilie von Holtzendorff, die eine geborene Lentze war und bis zu ihrem Tod 1933 hier wohnte. Bestattet ist sie auf dem Familienbegräbnisplatz auf einer kleinen Anhöhe jenseits der

Straße. Neben den Gräbern der Urahnen befindet sich hier auch das Grab von Joachim Friedrich von Holtzendorff, der 1996 verstorben ist. Er ist der Vater von Ilsa-Marie, die zusammen mit ihrem Mann Georg seit 1994 wieder in Wilsickow wohnt.

Ilsa-Marie von Holtzendorff trägt Jeans und Hemdbluse, in der linken Hand ein dickes Schlüsselbund und das Handy stets griffbereit. Sie spricht schnell und mit heller Stimme und ist geübt darin, Situationen sofort zu erfassen und darauf zu reagieren. Lange lebte sie in Flensburg, war dort Grund- und Hauptschullehrerin für Deutsch, Musik und Hauswirtschaft. Weil ihr Vater bei der Bundeswehr war, ist die Familie viel umgezogen. Sie und ihre beiden Geschwister mussten sich immer wieder neu orientieren, Wurzeln schlagen konnte sie nicht. „Wahrscheinlich ist Heimat für mich da, wo ich mich wohl fühle", sagt sie, „und wo es Menschen gibt, die mich brauchen." Es ist eine unsentimentale und außerordentlich praktische Definition, die viel über das Wesen von Ilsa-Marie von Holtzendorff sagt. Sie verspürt auch kein Heimweh; anders als ihre Mutter, die schwer an dem Verlust der hinterpommerschen Heimat gelitten hat.

In der Uckermark ist Ilsa-Marie nun doch sesshaft geworden, zusammen mit ihrem zweiten Ehemann. Die Hochzeit hat 1994 noch vor dem Umzug nach Wilsickow stattgefunden. Ihren Mädchennamen hat sie beibehalten, um ein Zeichen zu setzen, dass die Holtzendorffs zurückgekommen sind. Auch ihr Bruder lebt inzwischen hier. 1992 hat er sich ein Haus gebaut und ist als Mitglied des Johanniter-Ordens vor allem als Laien-Prediger tätig. Das freut und entlastet den örtlichen Pfarrer, der für nicht weniger als elf Kirchen zuständig ist. Auch die Eltern zogen 1995 um, und die Geschwister sind froh, dass der Vater das alles noch erlebt hat und glücklich war, wieder nach Wilsickow zurückgekehrt zu sein.

Mit nicht nachlassender Begeisterung schwärmt Ilsa-Marie davon, dass der Himmel über der Uckermark höher und klarer ist als anderswo, das Licht intensiver und die Flächen offener. „Hier ist auch nicht jeder Misthaufen geharkt", sagt sie und dass sie es ein wenig unkultivierter mag, was nicht mit chaotischer Unaufgeräumtheit zu verwechseln ist.

Wann ihre Liebe zur Uckermark begann, weiß sie nicht mehr genau. Jedenfalls nicht beim einzigen Besuch in Wilsickow noch zu DDR-Zeiten. Die Gelegenheit kommt bei einem Treffen der evangelischen Kirche im vorpommerschen Greifswald, bei dem sie mit ihrem Lebensgefährten teilnimmt. „Es war im August 1989, und die Welt war schon ein wenig anders. Wir waren neugierig und so haben wir uns heimlich auf den Weg gemacht. Und dann standen wir vor dem Herrenhaus. Die Leute waren nett und haben uns alles gezeigt. Und wir dachten immer nur, ogottogott, was ist das hier! Wir sagten uns, wie gut, dass wir es gesehen haben, aber welch ein Glück, dass wir da nichts machen müssen. Dann kam die Wende und alles war anders."

Nach dem Mauerfall ist sie 33 Jahre alt, geschieden, hat drei kleine Kinder und einen neuen Partner. Eigentlich verläuft ihr Leben in geordneten Bahnen. Für ihren Geschmack vielleicht ein wenig zu geordnet, manchmal auch eng und spießig. „Das Lehrerkollegium war nett, die Jüngsten aber schon 50 – was sollte da noch kommen?"

In den folgenden zwei Jahren fährt sie mit ihrem Lebensgefährten hin und wieder in die Uckermark. Sie sehen die Veränderungen in Wilsickow, sprechen mit den Menschen und überlegen, ob sie den radikalen Wechsel wagen sollen. Ab 1992 steht das ehemalige Herrenhaus leer. Aus einer Idee wird ein Konzept: Im

Haus ihrer Vorfahren sollen Kinder aus schwierigen Verhältnissen für einige Zeit einen neuen Familien-Ort finden. Wichtig ist, dass das Paar mit den Zöglingen zusammen unter einem Dach wohnt, feste Regeln den Tagesablauf bestimmen und die Kinder bei Schulproblemen und Hausaufgaben betreut werden.

Sowohl die Kollegen als auch die Geschwister erklären beide für verrückt. „Mein Mann war dann viel mutiger als ich, der war in einer richtigen Aufbruchstimmung", erinnert sich Ilsa-Marie von Holtzendorff. „Vielleicht lag es auch daran, dass sein Berufswunsch zunächst Landwirt war, bevor er dann doch Lehrer wurde." Sie lässt sich anstecken von seiner Begeisterung, vorausgesetzt, sie können das alte Herrenhaus kaufen und umbauen. Der Kaufpreis ist ein erster Dämpfer für die Umsetzung ihrer Ideen. Die Gemeinde lässt den Marktwert von einem Institut schätzen und will 200.000 DM haben. Ilsa-Marie behält die Nerven und sagt ab. Nach vier Wochen meldet sich die Gemeinde wieder bei ihr und sie einigen sich doch. Haus und etwas Grünland drum herum wechseln für 70.000 DM den Eigentümer. Das Geld für den Kaufpreis leiht ihnen

Verena Gräfin zu Stolberg, geborene von Holtzendorff, jüngste Schwester des Vaters und Ilsa-Maries Tante.

Verena wird 1931 als die Jüngste der Holtzendorff-Kinder geboren und wächst behütet auf Gut Kröchlendorff auf. Die ältere Schwester heiratet und zieht fort, die beiden Brüder werden mit Kriegsbeginn 1939 zur Wehrmacht eingezogen. Das Leben in dieser abgeschiedenen Region ändert sich nur langsam und unmerklich, dann aber plötzlich und schmerzlich, als die Nachricht vom Tod des ältesten Bruders eintrifft: Gefallen mit 21 Jahren „für Führer, Volk und Vaterland". Das Kriegsende erlebt Verena allein mit der Mutter. Ein Fluchtversuch nach Westen scheitert, die Rote Armee überrollt den Treck nach einem Tag, so dass Mutter und Tochter nach Wilsickow zurückkehren. Der Vater ist verhaftet, wenig später wird die Familie enteignet. Erst im November verlassen Verena und ihre Mutter endgültig Wilsickow. Später sagen beide über die ersten Monate nach dem Krieg in der sowjetischen Besatzungszone nur, dass es eine „schreckliche Zeit" gewesen sei. Über alle weiteren Erlebnisse sprechen die beiden Frauen niemals.

Mit dem Mauerfall interessiert sich auch Verena, inzwischen verheiratete Gräfin zu Stolberg wieder für ihre alte Heimat, und unterstützt ihre Nichte darin, in der Uckermark im alten Herrenhaus der Familie eine neue Existenz aufzubauen. Das Geld, das sie ihr leiht, ist das Geld, das Ilsa-Marie später erben soll. Alle anderen Ausgaben müssen über Kredite finanziert werden.

Doch der Traum von einem Leben in Wilsickow scheint zu platzen, bevor er richtig begonnen hat. Das Paar hat den Schuldienst verlassen und sich von seinem bisherigen Leben verabschiedet. Der Umzugswagen ist bestellt. In dieser Situation erfahren sie, dass die ursprüngliche Kalkulation für den Umbau nicht reicht. Das Haus ist in einem schlechteren Zustand als abzusehen war und deshalb werden sich die Baukosten verdoppeln. Der Kreditrahmen ist ausgeschöpft. Doch sie geben nicht auf, sie haben auch keine andere Wahl. Ilsa-Marie sagt: „Ich habe die Erfahrung gemacht, dass es immer einen Weg gibt. Man muss nur allen von seinem Leid erzählen." Der Vater hilft mit Geld und einem Vorschuss an Vertrauen. Ilsa-Marie zieht mit ihrem Mann und den Kindern in eine kleine Wohnung im Dorf, managt von hier aus den Umbau und die Renovierung. Schließlich startet das Paar im Januar 1995 mit viel Optimismus und zwölf Pflegekindern in die neue Berufstätigkeit.

Die Wilsickower nehmen Anteil an der Rückkehr der „ehemaligen Herrschaft". Alte Frauen kommen zu Besuch und erzählen, dass sie als Stubenmädchen beim letzten Gutsbesitzer Dietrich von Holtzendorff in Stellung waren. Die Alten sind es, die aussprechen, was manche denken. Sie fragen, wieso die Enkel das zurückkaufen müssen, was der Familie einmal gehörte. Es sind berührende und informative Gespräche, die Ilsa-Marie mit den alten Frauen führt. Rückblickend bedauert sie, nicht ausführlicher mit ihnen gesprochen und die Erinnerungen aufgenommen zu

Jahr suchen sich die Holtzendorffs zusätzliche Erzieher und stellen ein Mitarbeiter-Team zusammen, das vor allem flexibel sein muss. Ilsa-Marie ist stets gut gelaunt, optimistisch und rund um die Uhr für die Kinder da. Manchmal sitzen bis zu zwanzig Personen am gemeinsamen Frühstückstisch. In der Großfamilie herrscht ständiger Trubel. Dabei übersieht sie, dass sich die eigenen Kinder zu wenig beachtet fühlen. Erst viele Jahre später werden sie es der Mutter sagen. Noch heute ist sie betroffen, wenn sie davon spricht. „Für mich war es genau das Richtige, für meine Kinder wohl nicht." Besonders eine Tochter verkraftet den Umzug in den Osten schwer, sie besucht schließlich ein Internat in Thüringen. Die ältere passt sich mit Mühe an, nur der Jüngste mit seinen acht Jahren hat keine Probleme. Heute leben die erwachsenen Töchter in Berlin und freuen sich über Besuche ihrer Mutter, wenn diese mal einen Tag Auszeit braucht und in der Großstadt abtauchen will.

Alte Freundschaften halten dem Wechsel nicht stand. Die Distanz von 520 Kilometern ist wohl zu groß. Zwar kommen alle einmal neugierig zu Besuch, fahren dann aber doch gerne wieder nach Schleswig-Holstein zurück. Der Freundeskreis verändert sich und ist kleiner geworden. „Daran musste ich mich erst gewöhnen", erinnert sich Ilsa-Marie, „ein schnelles Treffen auf einen Kaffee ist jetzt nicht mehr möglich." Auch deshalb hat sie die Idee mit dem Café. Es soll ein gemütlicher Treffpunkt werden und gleichzeitig ein Ort, um Berührungsängste abzubauen. Doch der Anfang ist schwer: „Die Leute davon zu überzeugen, dass es Spaß macht, am

haben; doch das neue Leben beansprucht ihre gesamte Zeit und Kraft.

Das Konzept kommt an, das für die Bedürfnisse der Kinder ausgebaute Herrenhaus gefällt und die fachliche Kompetenz der Betreiber überzeugt. Nach einem halben

Samstag oder Sonntag nachmittags mal in der Sonne zu sitzen und ein selbstgebackenes Stück Kuchen zu essen, war nicht leicht." Inzwischen läuft das kleine Kaffeestübchen gut. Die Qualität des Kuchens hat sich herumgesprochen.

Auch das Herrenhaus öffnet Ilsa-Marie für die Dorfgemeinschaft und veranstaltet Sommerfeste, Basare, Weihnachtsmärkte und Seniorentreffen. Sie ist sehr erfinderisch und versucht, auf die Veränderungen im Dorf zu reagieren. Doch die Entwicklung ist ernüchternd: „Die Jungen wandern aus, die Alten bleiben übrig. Nur zwei Familien sind in den letzten Jahren zugezogen. Es sind Ärzte aus Pasewalk, die in Wilsickow wohnen. Deren Kinder sind auch schon wieder woanders."

Erst als der Kaffee in der Thermoskanne auf dem Tisch steht, zwei Stück Torte aus eigener Herstellung serviert sind und der Sonnenschirm in die richtige Position gerückt ist, kommt auch Ilsa-Marie von Holtzendorff zur Ruhe. Für einen kurzen Moment schließt sie sogar die Augen und nimmt ein Sekunden-Sonnenbad.

Es sind die letzten ruhigen Tage vor Beginn der neuen Saison. Ihr Mann macht gerade mit Dackeldame Cilia einen Kurzurlaub im Ferienhaus an der Ostsee. Diesen Rückzugsort in Schleswig-Holstein haben sie behalten und früher auch mit den Pflegekindern dort gemeinsam Urlaub gemacht. In den vergangenen Jahren wurden 120 Kinder im Alter von 6 bis 16 in Wilsickow betreut. Das hieß: 120 Mädchen und Jungen mit den unterschiedlichsten Prägungen, vielen schlechten

Erfahrungen und weit mehr als 120 Problemen. Manche von ihnen schwänzten die Schule, nahmen Drogen und lebten längst in der Grauzone zwischen Recht und Unrecht.

Und so überrascht es nicht, wenn Ilsa-Marie von Holtzendorff sagt: „Es gab einige, die sehr schwierig und aggressiv waren. Wenn es zu gefährlich wurde, mussten wir uns vorzeitig von ihnen trennen." Aber die guten Erinnerungen überwiegen und aus den meisten der ehemaligen Zöglinge ist etwas geworden. „Es gab Mädels, die haben sich selbst von ihren Familien abgewendet, hier wieder richtig Tritt gefasst, eine Ausbildung gemacht, einige sogar Abitur und anschließend ein Studium." Ihr ist anzusehen, wie glücklich sie diese Erfolgsgeschichten machen. Und weiter sagt sie, fast ein wenig gerührt, dass sie mit einigen via Facebook wieder in Kontakt ist.

Die Kinder, die heute nach Wilsickow kommen, haben oft größere Probleme. Ilsa-Marie fasst sie als „Mehrfachstörungen" zusammen und sagt: „Es ist eine neue Generation herangewachsen, wo es für die Jugendhilfe schwer wird, diesen Kindern und Jugendlichen eine Perspektive zu geben." Nein, es sei kein spezielles Ost-Problem, sondern ein Problem der heutigen Zeit, wenn durch Reizüberflutung und Medienverwahrlosung extreme Beziehungsstörungen entstehen. „Es gibt heute viele Dreijährige, die schon einen eigenen Fernseher besitzen. Doch wie sollen diese Kinder lernen, wie das Leben funktioniert, wenn alles vom Amt geregelt wird? Und wenn ihnen die El-

sie einer aus der Klasse sieht? Nein, einverstanden ist sie nicht. Die Mädchen schütteln mit dem Kopf, was wohl so viel heißen soll, dass sie schon aufpassen werden. Es ist ein stummes Kräftemessen. Melanie und Jasmin kämpfen wortlos um ihre kleine Freiheit, die sie sich mit dem Ausflug in den Supermarkt erhoffen. Ilsa-Marie lässt sie ziehen.

Die Mädchen stammen aus Berlin-Marzahn, sind erst zwei Wochen hier und haben regelrechte Entzugserscheinungen. Ihnen fehlen die Großstadt, die Kumpels und vielleicht auch die Familie. Der Wechsel ist radikal und ein letzter Versuch, ihnen in dieser Abgeschiedenheit zu helfen.

tern, die selbst keine Ausbildung haben und arbeitslos sind, nicht mehr vorleben, worauf es im Leben ankommt?" Ilsa-Marie ist ernüchtert und erwartet keine schnellen Antworten auf ihre Fragen.

Aus dem Herrenhaus kommen zwei Mädchen geschlendert, bleiben vor der kleinen Kaffeetafel stehen und erklären, dass sie jetzt „nach Kaufland fahren" wollen. Melanie und Jasmin sind magere, stark geschminkte 14-jährige, die wenig Lust auf längere Gespräche haben. Ilsa-Marie von Holtzendorff bleibt ruhig und gibt zu bedenken, ob das denn klug sei, am Morgen die Schule zu schwänzen und am Nachmittag einen Ausflug nach Pasewalk zu machen. Was, wenn

Für Marco ist heute der letzte Tag auf dem Familien-Hof. Seine Sachen hat er schon gepackt, morgen wird er wieder zurück nach Berlin fahren. Der übergewichtige Junge sieht älter aus als 13 und wirkt freundlich und zurückhaltend. Dass er jähzornig ist und gewaltbereit, ist ihm nicht anzusehen. Vielleicht begreift er gerade, dass er hier eine Chance bekommen hat, die er nicht zu nutzen wusste. Ilsa-Marie bedauert, dass er den Aufenthalt abbricht, geht aber professionell damit um. Es gibt Grenzen bei der Betreuung und nicht jedes Kind ist geeignet für die Hilfe, die hier angeboten wird.

Sie ist aber auch ehrlich genug einzuschätzen, dass sie nicht noch einmal 18 Jahre diese Arbeit leisten kann. Eine Nachfolgerin hat sie bereits gefunden – auch wenn diese sich noch nicht recht entschlossen hat. Es ist eine junge Frau, die als Kind selbst viele Jahre auf Gut Wilsickow verbracht hat. „Sie kam aus schwierigen Verhältnissen und entwickelte sich großartig", erzählt Ilsa-Marie. „Sie hat dann in der Schule aufgeholt, mit guten Noten abgeschlossen und eine Ausbildung zur Sozialpädagogin gemacht. Jetzt lebt sie im Nachbardorf, ist verheiratet und hat selbst ein Kind." Sie ist die Wunschkandidatin. Ginge es nach Ilsa-Marie, sollte sie bald anfangen. Dann könnte sie langsam in die neue Aufgabe hineinwachsen und ein eigenes Konzept entwickeln. Das finanzielle Risiko wäre kleiner als noch bei der Gründung; gute Ratschläge gäbe es zusätzlich, vorausgesetzt, die Nachfolgerin würde sie haben wollen. Doch, sie hat sich alles schon genau überlegt: „Es wäre der Hit, wenn das klappen würde." Da ist sich Ilsa-Marie ziemlich sicher.

Bis es soweit ist, arbeitet sie an weiteren Projekten. Sie ist verantwortlich für ihre fünf Mitarbeiterinnen, die alle aus Nachbardörfern stammen und sich längst mit der Arbeit auf Gut Wilsickow identifizieren. Das Kaffeestübchen ist nur der erste Schritt in diese Richtung. Sie ist davon überzeugt, dass der Tourismus in der Region eine Zukunft hat. Einige Stammgäste kommen bereits regelmäßig, denn die Verkehrsanbindung ist hervorragend und die Straßen in gutem Zustand. „Jetzt müssen wir nur noch dafür sorgen, dass noch mehr Leute hier auch Station machen und nicht bis Usedom durchfahren, ohne nach rechts oder links zu gucken!" Ein erster Schritt wäre, mehr Schilder zu genehmigen, doch: „Da muss die Bürokratie flexibler werden!"

Sie möchte kein hochpreisiges Wellness-Hotel mit Golfplatz und Saunalandschaft errichten, sondern Wanderer und Fahrradtouristen beherbergen und Familien mit Kindern einen bezahlbaren Urlaub anbieten. Die Voraussetzungen sind günstig. Fremdenzimmer existieren bereits und die beiden Ziegen und die Esel Anton, August und Daisy sind stressresistente Streicheltiere, ebenso wie Cilla, die Münsterländer Hündin. Der alte Speicher, den die Holtzendorffs vor einigen Jahren zurückgekauft haben, eignet sich besonders gut für große Familienfeiern, Hochzeiten und Konzerte, während kleinere Partys in der WunderBAR stattfinden können.

An Ideen mangelt es Ilsa-Marie wahrlich nicht. Vielleicht an Zeit für sich selbst. Erst seit drei Jahren erlaubt sie sich zwei Wochen Urlaub im Jahr. „Türkei mit Sonnengarantie." Zur Entspannung singt sie seit Jahren im Kirchenchor – „mit Begeisterung und bis mir die Schweißperlen den Rücken herunterrinnen" – und kann dabei abschalten. Der beste Ort für die Erholung von Körper und Seele aber ist die Uckermark. Sie lächelt, wenn sie sagt: „Unsere Aufgabe ist es, zu hüten und zu pflegen, was der liebe Gott uns hier zur Verfügung gestellt hat."

Begräbnisstätte der Familie von Arnim in Boitzenburg

Michael und Daisy Graf und Gräfin von Arnim

Mit Gottvertrauen zum Erfolg

Es ist kein unbekanntes Land, in das Michael Graf von Arnim 1995 zieht, aber doch ein recht fremdes. Anders als viele Male zuvor, wird er diesmal nicht zu Besuch sein, sondern für immer bleiben. Zusammen mit seiner Frau Daisy steht er vor der größten Herausforderung seines Lebens. Beide werden in die Heimat seiner Vorfahren gehen, die seit dem 15. Jahrhundert in der Uckermark große Ländereien besaßen und bewirtschafteten. Ihr Stammsitz war für viele Generationen die Boitzenburg, ein weitläufiges und reich betürmtes Renaissance-Schloss, das heute ein Jugend- und Familienhotel ist.

Die Hoffnungen, die der Mauerfall bei Eigentümern von mehr als 100 Hektar Grund und Boden jenseits der Elbe geweckt hatte, wurden wenige Monate später durch den Einigungsvertrag wieder zunichte gemacht. Für sie galt nicht das Prinzip „Rückgabe vor Entschädigung". Die Enteignungen in der sowjetisch besetzten Zone hatten bis auf wenige Ausnahmen weiterhin Bestand. Michael Graf von Arnim ist diplomierter Agraringenieur und ein hartnäckiger Mann. Aus unternehmerischer Sicht spricht wenig für das karge Brandenburger Land, da fänden sich in anderen Regionen bessere Böden und Bedingungen. Dennoch wünscht er sich, das Land seiner Vorfahren selbst zu bewirtschaften. Er will sich später nicht vorwerfen, es nicht versucht zu haben und ist überzeugt, dass hier der Ort ist, wo er hingehört. „Es herrschte Gegenwind von allen Seiten und ein unglaublich raues politisches Klima", erinnert sich das Paar. Erst 1994 gelingt es, 400 Hektar Land zu pachten. Beide sind 35, beide geben ihre beruflichen Tätigkeiten auf, verlassen das beschauliche Leben bei Helmstedt und wagen den Neuanfang.

Nach langer Suche findet sich auch eine Bleibe. Im ehemaligen Gutshaus des Einhundert-Seelen-Dorfes Lichtenhain, einem früheren Vorwerk der Grafen von Arnim, ist eine Wohnung frei – eine von neun Wohnungen, die zu DDR-Zeiten hier eingerichtet wurden. In die zieht das Paar ein und lernt dörfliche Nachbarschaft aus nächster Nähe kennen und schätzen. Mit dem Seitenwechsel geht auch ein Perspektivwechsel einher. Nicht mehr als Besucher, sondern als Bewohner erleben sie, wie es sich anfühlt, wenn neugierige Menschen aus großen Autos mit Berliner Kennzeichen steigen und das zum Kauf ausgeschriebene Gebäude taxierend betrachten. Nach dem Umbruch herrscht die Zeit des Aufbruchs, in der die Goldgräberstimmung zuweilen bis in die uckermärkische Einsamkeit weht.

Geschichte getrotzt und wäre wohl eine wunderbare Zeitzeugin. Eine weiße Bank ist um ihren Stamm gezimmert und lädt zum Innehalten ein.

Der Anfang ist schwer. Das Paar trifft gleichermaßen auf tiefes Misstrauen und hohe Erwartungen. „Wir sind als Fremde gekommen. Das einzige, was bekannt war, war unser Name und das, was in der Schule über uns gelehrt wurde." Graf Arnim spricht sachlich und ohne Vorwurf. „Viele wollten uns nur als Unternehmer akzeptieren, die etwas gegen die Arbeitslosigkeit in dieser Region tun können." Sie erleben, wie Investoren, die keine adeligen Namen haben, weniger Probleme überwinden müssen. Unter diesen Bedingungen ist es nicht leicht, einen Betrieb aufzubauen. Sie tun es trotzdem und zahlen viel Lehrgeld. „Die erste Ernte war erfroren. Später hatten wir mit Dürre oder zu viel Regen zu kämpfen. Das, was andere Landwirte in zwanzig Jahren erleben, haben wir in zehn Jahren durchgemacht." Dennoch bereuen beide nie ihre Entscheidung. Tradition und Heimatverbundenheit sind starke Gründe und Gottvertrauen das Fundament ihres Handelns.

Durchhaltevermögen und Nervenstärke sind gefragt, bis Michael und Daisy Graf und Gräfin von Arnim 1997 das alte Gutshaus endlich zurückkaufen können. Die anderen Mieter finden neue Wohnungen oder bauen sich eigene Häuser. Erst 2003 haben Daisy und Michael das ehemalige Gutshaus ganz für sich, können es nach und nach renovieren und für ihre Bedürfnisse ausbauen. Unter seinem Dach finden sich heute neben den Wohnräumen auch Büro, Apfelküche, Hofladen und Ferienwohnungen.

Für Daisy ist das schönste am Haus die große Kastanie dahinter. Geschätzte 175 Jahre alt, mit beeindruckendem Umfang und faszinierender Höhe, hat sie der

Heute sind sie angekommen. Die Euphorie des Anfangs ist verflogen, doch sie sind integriert und mit der Region verflochten. Graf Arnim war Gemeindevertreter, ist kirchlich engagiert und zusätzlich wieder als Berater und Mediator tätig. Er erlebt, dass Landwirtschaft in der Uckermark nicht konfliktlos zu betreiben ist. Wenn Tradition auf Artenschutz trifft, ist die Haltung des Grafen eindeutig: „Gott sagt: Hier ist Land und damit alles vorhanden, macht es Euch zunutze! Und wer mit Ehrfurcht vor der Schöpfung steht, der passt auch darauf auf, dass die Lebensgrundlage der Menschen nicht kaputt gemacht wird." Klare Worte aus christlicher Überzeugung gesprochen. Nein, er kann wenig mit den Ideen der „Grünen Liga" anfangen. „Das, was aus ökologischer Sicht heute erhaltenswert erscheint, ist ja häufig erst durch die Bewirtschaftung entstanden! Nichts anderes haben die von Arnims in den letzten 300 Jahren getan." Er glaubt an einen Gott, der ihm die Natur anvertraut hat, damit er sie mit Achtung und Respekt bearbeitet und sorgfältig mit ihr umgeht. Und er fühlt sich verantwortlich für das, was seine Familie über Generationen geschaffen und weitergegeben hat. Noch immer empfindet es Graf Arnim als Privileg, wieder in der Heimat seiner Vorfahren leben zu können und ist dankbar, dass seine Wünsche von „Landwirtschaft, Natur, Jagd und einer sinnvollen Aufgabe" in Erfüllung gegangen sind.

Ohne seine Frau wäre das nicht gelungen. Er weiß, dass sie viel aufgegeben hat, um mit ihm gemeinsam nach Brandenburg zu gehen. Gewonnen hat sie unternehmerische Selbständigkeit; doch der Weg zur Geschäftsfrau ist lang und nicht ohne Rückschläge. Mit Optimismus und Vertrauen in Gott sucht Daisy Gräfin von Arnim nach einer Erfolg versprechenden Geschäftsidee. Später wird sie detail- und anekdotenreich ein Buch über ihren Weg in die Selbständigkeit und ihr neues Leben in Lichtenhain schreiben.

Daisy Gräfin von Arnim, geborene von Löbbecke, ist mit den Erinnerungen an ein Leben auf dem Dorf aufgewachsen. Die Erzählungen ihrer Eltern über die verlorene Heimat in Schlesien und Mecklenburg prägen ihre Kindheit und fördern das Bild von einem erfüllten Leben auf dem Land. Die Brandenburger Realität von 1995 sieht anders aus. Die Euphorie der Wiedervereinigung ist verflogen und die „blühenden Landschaften" lassen auf sich warten. Alte Aversionen gegenüber den Junkern und erste schlechte Erfahrungen mit der Marktwirtschaft mischen sich bei den Einheimischen zu einem diffusen Misstrauen. Da passt es so gar nicht ins Bild, dass Daisy ungemein freundlich auf die neuen Nachbarn zugeht, hilfreich ist und sogar das „Du" anbietet. Gräfliches Verhalten hat man sich anders vorgestellt, distanzierter, kühler vielleicht. Doch Daisys Freundlichkeit ist ihr Wesen. Sie kann nicht anders.

Wie sehr sie Fürsorge und Zuwendung als das Credo ihres Lebens begreift, wird klar, wenn die Gräfin von den Fehlern spricht, die ihr in den ersten Brandenburger Jahren passiert sind. „Ich hatte zu wenig Zeit, um

sie länger als drei Monate an einer Stelle gelegen haben und die anderen stehen unter Naturschutz, wenn es sich um Mengen handelt, die den Verkauf rentabel machen. Kränze aus Buchsbaum sollen die nächste geschäftliche Grundlage bilden. Sie werden mit Engeln geschmückt. Die lächelnden Wesen sind aus Holz gesägt und von Daisy eigenhändig bemalt. Als größere Stückzahlen verkauft sind, ist der Bedarf für längere Zeit gestillt.

Im Jahr 2000 aber rollt der Gräfin eine neue Geschäftsidee buchstäblich vor die Füße. Sie braucht sie nur aufzuheben und zu verarbeiten: Äpfel. Rückblickend erscheint der Apfel wie eine Belohnung nach all der Mühe des Beginns. Es gibt viele Äpfel in Brandenburg, sie reifen ganz von allein und kaum einer will sie haben. Äpfel werden zu Daisys Leidenschaft. Zuerst macht sie Saft aus ihnen und probiert und experimentiert Tag und Nacht in der leer geräumten Scheune. Die Nachbarn sparen nicht mit guten Ratschlägen und praktischer Hilfe. Die Mosterei gelingt und die Bilanz der ersten Apfelsaison kann sich sehen lassen: „Hunderte Liter köstlichster Apfelsaft" – Glücksgefühle inklusive.

auf die Dorfgemeinschaft zuzugehen und ein offenes Ohr für die Alteingesessenen zu haben." Während sie erzählt, steigert sich ihre Bekümmerung in Selbstvorwürfe, die betroffen machen. Noch immer und nach so vielen Jahren fühlt sie sich schuldig, ist überzeugt, dass sie sich mehr hätte einbringen müssen. Doch der Aufbau eines landwirtschaftlichen Betriebs fordert Kraft und Zeit.

Daisys erste Ideen für eine eigene Tätigkeit drehen sich um den Verkauf von Dingen, die es in der Uckermark reichlich gibt: Steine zum Beispiel oder Misteln. Doch die einen dürfen nicht verkauft werden, weil es sich um Naturdenkmäler handelt, wenn

Im Jahr darauf ist Daisy mit einer mobilen Mosterei unterwegs. Diese erste große Anschaffung bildet den Grundstein ihres Unternehmens. Sie schont sich nicht, steht mit Helfern auf Märkten oder Dorffesten und fährt direkt zu ihren Kunden, um gleich vor Ort die frisch geernteten Äpfel zu mosten. Dass sich Äpfel auch anderweitig verarbeiten lassen, ist der nächste, logische Schritt. Die Frauen aus dem Dorf sind Ratgeber und steuern alte Rezepte bei. Bald kann Daisy einige Helferinnen fest anstellen. Das Sortiment wird größer, die Vermarktung professioneller.

Endlich eröffnet sie 2005 im Gutshaus ihren eigenen Laden. Er ist klein und wirkt eher wie ein begehbares Schaufenster. Kissen und Tischdecken mit aufgedruckten Äpfeln, Tassen, Teller und Teekannen mit Apfelmotiv. Vor allem aber Äpfel in verarbeiteter Form. Der Kunde steht inmitten der geschickt präsentierten Produkte, die in kleinen Portionen verpackt um seine Gunst werben. Dass so vieles aus Äpfeln gemacht werden kann, lässt staunen. Natürlich, es gibt Gelee, Marmelade und Saft aus Äpfeln. Daneben aber auch Apfelchutney, Apfelessig, Apfelkraut und Apfelkuchen im Glas. Alles ist darauf ausgerichtet, gekostet und gekauft zu werden. Dass sich ein Platz für Bücher findet, ist selbstverständlich, denn Daisy ist gelernte Buchhändlerin und inzwischen auch Buchautorin. Längst hat sie sich einen guten Ruf als „Apfelgräfin" erworben. Gut möglich, dass manch ein Kunde zunächst angenommen hat, dass das gräfliche Attribut eine geschickte Marketing-Idee sei, ebenso wie das Krönchen,

das seit einigen Jahren das Logo von Haus Lichtenhain ziert und damit alle Produkte kennzeichnet. Die echte Gräfin ist stolz auf ihren Zweitnamen, zeugt er doch von harter Arbeit und zufriedenen Kunden.

Es spricht für sie, dass sie sofort auf die Hilfe ihrer Mitstreiterinnen hinweist, ohne die sie all das niemals erreicht hätte und die sie in bestem DDR-Vokabular ihr Kollektiv nennt. Ausdauer und Hartnäckigkeit sind ihre Stärke – und das bei permanent guter Laune. Was Daisy betreibt, betreibt sie mit Intensität und steter Freundlichkeit. Es ist kaum vorstellbar, dass sie jemals laut wird oder in Wut gerät. Erziehung und Naturell sind das Fundament ihrer Liebenswürdigkeit, ihre Kraft schöpft sie aus dem Glauben. „Ich bin in Gottes Hand", sagt sie auf die Frage, was Glück für sie sei. Das Glück ihres Lebens ist ihr Mann Michael. Es ist berührend zu erleben, wie selbstverständlich sich Daisy zu ihrer Liebe bekennt. Sie besitzt die Fähigkeit, ihre Gefühle zu zeigen und ganz unverkrampft auch andere an ihrem Glück teilhaben zu lassen.

Heimat ist für sie dort, wo sie gerne lebt und Menschen um sich hat, die ihr nahe stehen. Ihre Eltern mussten wie tausende andere Flüchtlinge auch nach dem Zweiten Weltkrieg ihre Heimat verlassen. Daisy weiß um ihre Prägung, „mit zwei heimatlosen Eltern groß geworden" zu sein. Und deshalb ist es kein Widerspruch, wenn sie sagt, dass sie jederzeit wieder einen Neuanfang wagen würde, wenn es einen Ort gäbe, an dem sie gebraucht würde. „Der kann in Afrika oder Polen sein, das ist egal. Ich hänge nicht an irdischen

einem niedrigen Häuschen aus rotem Backstein, in dem früher Landarbeiter wohnten. Für eine halbe Stunde wird der kleine Garten zum Salon, Plastiktisch und Gartenstühle zur imaginären Biedermeier-Sitzgruppe und Graf und Gräfin zur empfangenden Herrschaft. Die Haltung ist tadellos, das Gespräch von ausgesuchter Freundlichkeit.

Bereits in den 70-er Jahren besuchte Sieghart Graf von Arnim wieder Boitzenburg, nahm seine Söhne mit und sorgte dafür, dass die alten Kontakte erhalten blieben. Er tat dies ganz im Unterschied zu vielen Altbesitzern, die, enteignet und ausgewiesen, nie wieder die alte Heimat besuchten, um sich das schöne Bild aus früherer Zeit zu bewahren, auch wenn diese Zeit in der Erinnerung wohl freundlicher und problemloser erscheint, als sie es war. Sieghart musste mit 15 noch zum Volkssturm und hatte Glück, dieses letzte Gefecht heil überstanden zu haben. Der Zweite Weltkrieg war vorbei, wenig später wurden die von Arnims enteignet und ausgewiesen. Die Familie ging zunächst nach Darmstadt und später nach Hannover, doch die uckermärkische Heimat blieb Sehnsuchtsort und viel beschworene Erinnerung.

Sachen, an keinem Tisch, an keinem Stuhl, an nichts." Die einzige Voraussetzung dafür wäre, dass dies zusammen mit ihrem Mann geschehen müsste. Eine Trennung auf Zeit aber gehört inzwischen zum Alltag der viel beschäftigten Daisy, die zu Vorträgen und Lesungen von Schleswig-Holstein bis nach Baden-Württemberg reist. Nur im Oktober versucht sie, immer zu Hause zu sein, denn: Wenn die Äpfel reif sind, wird gemostet!

Der Zufall will es, dass die Eltern von Michael gerade zu Besuch sind. Sie verbringen ihren Urlaub nur wenige Schritte entfernt von Sohn und Schwiegertochter in

Anders als sein Sohn kann und will der alte Graf seinen Zorn nicht verbergen. Sowohl die anfängliche Hoffnung als auch die Enttäuschung über die Entscheidungen der Kohl-Regierung werden auch nach über zwanzig Jahren verblüffend deutlich artikuliert. Zurückbekommen haben sie nichts, jeder Quadratmeter Land des früheren Eigentums musste wieder gekauft werden. Dennoch besuchen er und seine Frau jedes Jahr für ein paar Wochen die Uckermark. Wind und Wetter fühlen sich an wie früher. Auch der Himmel über ihnen und der weite Blick ins hügelige Land sind unverändert – und damit Heimat geblieben.

Frühling in Märkisch Oderland

Hans-Georg und Dorothee von der Marwitz
und die Kinder Bernhard, Johanna, Clara und Karl

Es war die Gunst unserer Stunde

„Nicht schon wieder die Geschichte mit dem Wohnwagen!" So abweisend, wie es zunächst klingt, verläuft das erste Telefonat mit Dorothee von der Marwitz dann doch nicht. Allerdings findet sie, dass es an der Zeit sei, viel mehr darüber zu berichten, was sich in den letzten 22 Jahren in Friedersdorf (Märkisch Oderland) und im Leben der Familie von der Marwitz verändert hat. Dass der Beginn so spektakulär sein würde, war nicht beabsichtigt, sondern aus der Not heraus entstanden. Als es dem jung verheirateten Paar im Herbst 1990 nicht gelingen wollte, eine Wohnung in Friedersdorf und Umgebung zu finden, wurde kurzerhand ein Wohnwagen gekauft und dieser dann für neun Monate zum ersten Zuhause.

Hier begann das, was beide heute als „das große Abenteuer ihres Lebens" bezeichnen. Der Start ist legendär, die Erinnerung daran nicht nur bei den Nachbarn unvergessen. Auch andere adlige Rückkehrer sprechen voller Hochachtung von Marwitz und dem Wohnwagen. Die Bedingungen waren schwierig, der Winter 1990/91 bitter kalt. In dem Maße, wie die Temperaturen sanken, wuchs die Hilfsbereitschaft der neuen Nachbarn. Gegen die Minusgrade, die auch im Wohnwagen alle Flüssigkeiten gefrieren ließen, halfen nicht nur heiße Getränke, sondern vor allem die Solidarität und Zuwendung der Dorfbewohner.

In unvorstellbar kurzer Zeit wurde das ehemalige Kavalierhaus wieder instand gesetzt und ab September 1991 schrittweise bezogen. Die Schnelligkeit hatte auch einen anderen Grund. Im August 1991 kam Tochter Clara zur Welt. Rückblickend glaubt die Familie, dass ihnen dieser bescheidene Anfang sehr geholfen hat, von den Friedersdorfern akzeptiert zu werden.

Heute bilden das Wohnhaus mit dem gegenüber stehenden und ebenfalls sanierten Torhaus und der nur wenige Schritte entfernten Kirche ein harmonisches Ensemble, das so wirkt, als stünde es seit Jahrhunderten unverändert hier. Dabei waren in Friedersdorf und Umgebung im Frühjahr 1945 die letzten Kämpfe des Zweiten Weltkriegs besonders heftig und opferreich und die Zerstörungen an den Gebäuden enorm. Die Kirche wurde schwer beschädigt und zu DDR-Zeiten notdürftig repariert, musste aber ab 1959 wegen Baufälligkeit gesperrt werden. Inzwischen ist Kirche samt

che und ist als Kunstspeicher mit Museum, Galerie, Laden und Restaurant weit über die Region hinaus bekannt.

Nur auf alten Zeichnungen ist das malerische Schloss noch zu sehen. Es wurde von Karl-Friedrich Schinkel 1827/28 umgebaut und ließ Zeitzeugen in Verzückung geraten. Bodo von der Marwitz, der letzte Gutsbesitzer verließ es am 16. April 1945, kurz bevor die ersten Panzer der Roten Armee ins Dorf rollten. Ohne jemals wieder in Friedersdorf gewesen zu sein, starb er 1982 in Köln. Im Unterschied zu seiner Familie glaubte er immer an eine Wiedervereinigung Deutschlands. Das Schloss in Friedersdorf wurde durch Kriegshandlungen schwer beschädigt und 1948 als „Relikt des alten Preußens" gesprengt und beseitigt.

Hans Georg von der Marwitz hat wenig Zeit, ist aber gut organisiert. Sowohl seine Frau als auch seine Mitarbeiter in den diversen Büros koordinieren Anfragen und sortieren Termine, so dass Anfang Mai ein Besuch in Friedersdorf eingeplant werden kann. Der Frühling, der lange auf sich warten ließ, kommt plötzlich und heftig. Vor der Kulisse endloser, gelber Rapsfelder und dem hellsten Grün, das Bäume nur in dieser Jahreszeit bieten können, konkurrieren die Blüten von Kastanie und Weißdorn mit erstem Flieder und späten Apfelbäumen. Das Oderbruch schwelgt im Farbenrausch.

Nein, antwortet Dorothee von der Marwitz geduldig auf die Frage, die ihr immer wieder gestellt wird, die bayerischen Berge vermisse sie nicht, warum auch,

Turm wieder hergestellt, die Restaurierung innen aber noch immer nicht ganz abgeschlossen. Von den Wirtschaftsgebäuden des ehemaligen Landgutes blieb nur der wuchtige Getreidespeicher jenseits der Straße erhalten. Wie ein Solitär steht er heute auf fast freier Flädie Landschaft hier sei doch wunderschön. Und noch ein Klischee muss korrigiert werden. Sie ist eine geborene Holthaus, ganz ohne „von", hat kein Internat besucht und auf dem Land hat sie auch nicht gelebt. Sie stammt aus München, ihr Vater war Kaufmann und sie selbst ist ausgebildete Krankenschwester. Jetzt ist alles geklärt.

Ihre Offenheit ist wohltuend, das Gespräch bleibt angenehm sachlich. Ihr Mann Hans-Georg, groß und schlank, in Jeans und bequemer Joppe, deren Hirschhornknöpfe auf die bayerische Heimat weisen, erscheint pünktlich zum verabredeten Termin. Beim gemeinsamen Mittagessen, zu dem sich vier Generationen um den großen Tisch versammeln, erzählt er detailreich und um Präzision bemüht von den ersten Jahren in Brandenburg. Eigentlich ist der Raum zu klein für die Fülle seiner Erinnerungen, die von ausladenden Gesten begleitet werden. Es fällt nicht schwer, sich von der Marwitz statt am heimatlichen Esstisch, am Rednerpult des Deutschen Bundestages vorzustellen. Rhetorik und Lautstärke stimmen, Leidenschaft und Körpersprache ebenfalls. Seit 2009 ist er CDU-Abgeordneter im obersten Parlament Deutschlands. So wie er von Verantwortung spricht, ist dieser Weg nur logisch und folgerichtig. Von der Marwitz ist gerne Abgeordneter. Ob der ersten Wahlperiode eine weitere folgen wird, hängt natürlich von den Wählern ab. Aber – und die Antwort kommt schnell – Spaß machen würde es ihm schon, jetzt, wo er den Politikbetrieb besser versteht, nicht mehr der Neuling ist.

Dabei sah es früher nicht danach aus, dass Hans-Georg von der Marwitz einmal in die Politik gehen würde. Er selbst bezeichnet sich in den 1980-er Jahren als unpolitisch, bestenfalls als politisch nicht sehr interessiert. Mit 24 macht er seinen Abschluss als staatlich geprüfter Landwirt, übernimmt mit 25 den Familienbetrieb im Allgäu. Die DDR ist kein Thema für ihn, die frühere Heimat der Marwitzens ebenfalls nicht.

Erst spät beginnt er, sich für den Osten Deutschlands zu interessieren und erzählt freimütig, wie wenig er über die DDR wusste und bis dahin auch nicht erfahren wollte. Nur durch einen Zufall kommt ein Kontakt mit Ostdeutschen zustande. Ein Ehepaar aus Sachsen ist 1988 zu Besuch im Allgäu und bleibt bewundernd am Hirschgehege der Familie von der Marwitz stehen. Man kommt ins Gespräch, ist neugierig aufeinander und die jeweils andere Welt.

Hans-Georg folgt einige Monate später der Gegeneinladung und reist im März 1989 für ein verlängertes Wochenende nach Freital bei Dresden. Er ist erst 28 Jahre alt und entdeckt die DDR aus der Perspektive des dörflichen Lebens. Vier Tage erlebt er eine Welt voller Widersprüche, findet Klischees bestätigt, sieht aber auch Nischen und Möglichkeiten, wie das System ein wenig ausgetrickst werden kann. Vor allem staunt er über das Geflecht von Beziehungen als Teil der Überlebensstrategie in einer Mangelgesellschaft. Dieser Besuch wird für ihn zum Schlüsselerlebnis.

Das sächsische Ehepaar betreibt einen Hof, der Mann ist gleichzeitig stellvertretender LPG-Vorsitzender und für die Schweinemast zuständig. Sie sind rührende Gastgeber und vertrauen dem Besucher aus dem Westen. So erfährt Hans-Georg von der missglückten Republik-Flucht der beiden Söhne Anfang des Jahres. Die Jungs sind ungefähr in seinem Alter und sitzen jetzt im Stasi-Gefängnis in Bautzen, das hinter vorgehaltener Hand das „Gelbe Elend" genannt wird. Es ist die Zeit der großen Unzufriedenheit in der DDR, die sich im Sommer zu Massenfluchten und im Herbst zu gewaltigen Demonstrationen steigert und noch im selben Jahr zum Mauerfall führen wird.

Hans-Georg muss sich jeden Tag bei der örtlichen Meldestelle der Polizei einfinden, er nimmt es sportlich. Das Schicksal seiner Gastgeber berührt ihn sehr und er verspricht ihnen, dass die Söhne nach einem geglückten Freikauf zunächst seinen Hof im Allgäu als Anlaufstelle benutzen können. Mit Anwalt Wolfgang Vogel hat das Ehepaar schon Kontakt aufgenommen. Ihre Ersparnisse haben sie in Westgeld umgetauscht und geben dem Gast aus Bayern nicht nur Wertsachen und Kleidung der Söhne mit, sondern auch 3.000 D-Mark für den Neuanfang.

Auf der Rückreise wird Hans-Georg am Grenzübergang herausgewunken. Noch heute erinnert er sich genau, was er dabei empfunden hat. Zunächst benimmt er sich etwas „wurschtig" und lässt die Grenzer auflaufen. Dann aber legt man ihm ein Protokoll vor, in dem jede Stunde seines Aufenthaltes in Freital festgehalten ist und ihm zeigt, wie lückenlos er von der Stasi überwacht worden ist. Zum ersten Mal spürt er Beklommenheit in sich und ein Gefühl des Ausgeliefertseins. Er bekommt sechs Stunden Zeit, sich zu erklären. Nach Zahlung von 1.600 DM als

„Strafe für ein Zollvergehen" darf er endlich die DDR verlassen.

Für von der Marwitz sind rückblickend der Vier-Tage-Besuch und die sechs Stunden Verhör an der Grenze nicht nur „wichtige Erfahrungen", sondern auch eine komprimierte Lektion in deutsch-deutscher Geschichte. Das ungeheure Glücksgefühl aber, das ihn erfüllt, als er das „Land der Bayern, Heimaterde, Vaterland ..." wieder betritt, kann er, der Protestant, nur mit dem Bild des den Boden küssenden Papstes Johannes Paul II. beschreiben. Auch wenn er selbst dann doch nicht auf die Knie fällt – sein politisches Interesse ist erwacht.

Hans-Georgs Mutter Barbara Franziska Dorothee ist 90 Jahre alt, schlank und agil. Sie hat schöne dunkle Augen und einen freundlich-zugewandten Blick. Ihr Interesse ist nicht gespielt, aufmerksam verfolgt sie das Gespräch und ergänzt, wenn ihr Sohn sie bei eigenen Erinnerungslücken darum bittet. Krieg, Vertreibung, Hunger und Flucht haben aus ihr keine verbitterte Frau gemacht, im Gegenteil. Wenn sie davon spricht, dankbar zu sein für das, was sie heute noch immer erleben darf, strahlt sie mehr Heiterkeit und Optimismus aus als Menschen, die halb so alt sind wie sie und weniger erlebt haben.

Sie wächst als zweite Tochter von Margarethe und Bodo von der Marwitz in Friedersdorf auf, heiratet jung und folgt ihrem Mann nach Karlsburg in Vorpommern. Mit 22 Jahren ist sie Witwe, ihr Mann fällt 1944 im Krieg. 1945 flieht sie vor der näher rückenden Roten Armee, kümmert sich um die Schwiegermutter, hat Glück zu überleben und gelangt schließlich ins Allgäu, das zur neuen Heimat wird. Dort lernt sie ihren zweiten Mann kennen, ebenfalls ein von der Marwitz. Sie gründen eine Familie und bekommen sechs Kinder. Als Pfarrersfrau findet sie ihre Berufung und beglückende Aufgabe. Die Vergangenheit als adelige Gutsbesitzerin bleibt lange ausgeblendet und spielt in der Familie keine Rolle. Heute sagt sie: „Es war kein Raum, alten Träumen nachzugeben."

Über das Erlebte schweigt sie. Friedersdorf will sie weder besuchen noch wieder dort leben. „Das war erledigt und abgeschlossen", ist der knappe Kommentar, den sie abgibt und ihre Art, mit dem Verlust umzugehen. Nie hat sie das Bedürfnis, ihr zerstörtes Zuhause noch einmal zu sehen, sondern will die schönen Bilder aus ihrer Mädchenzeit in Erinnerung behalten. Erst mit dem Mauerfall beginnen ihre Kinder zu fragen und sie wird zur Chronistin einer Zeit, die im Leben der Marwitzens bisher kaum eine Rolle spielte.

Im Juli 1990 heiraten Hans-Georg und Dorothee. Auf der Hochzeitsreise, „genau zwischen Rom und Neapel", beschließen beide, dass sie in den Osten gehen wollen. Es ist eine Chance und eine Herausforderung, wie man sie selten bekommt. „Wir lebten in diesem übersättigten Bayern, wo es alles gab und man nichts Neues mehr machen konnte", erklärt Dorothee und bekräftigt, dass sie diese Entscheidung ganz unabhängig von der Geschichte und Tradition der Familie getroffen haben. Sie wollen dabei sein, sich einbringen und

könnten. Fast sieht es so aus, als ob er den großen Namen der Vergangenheit entgehen will, Fakten an einem anderen Ort schaffen möchte, bevor ihn die Familiengeschichte einholen kann.

Die Mutter hofft insgeheim, dass sich ihr Sohn nicht in ihrer alten Heimat niederlassen wird. Mit dieser Haltung ist sie eine Ausnahme und unterscheidet sich von allen anderen Enteigneten und Vertriebenen. Sie ahnt wohl, dass das Anknüpfen an die Tradition der

am Aufbau-Ost mitwirken. „Es war die Gunst unserer Stunde."

Während Hans-Georgs Vater mit jedem seiner Söhne einzeln nach Hinterpommern fährt, um die frühere Heimat seiner Familie zu besuchen, macht sich Hans-Georg auch auf den Weg in die DDR, weil er sehen will, ob er Land pachten und vielleicht seinen Betrieb nach Osten verlagern kann. Er beginnt seine Reise in Sachsen, sucht in der Nähe von Großstädten, um weiterhin als Direktvermarkter tätig zu sein. In sehr kurzer Zeit reist er sieben Mal in verschiedene Regionen des anderen Deutschlands. Zunächst sind es andere Orte als Friedersdorf, die in Betracht kommen

Familie auch mehr Verantwortung bedeutet. Beinahe scheint die Hoffnung in Erfüllung zu gehen. Denn Hans-Georg besucht zwar auf seiner Erkundungsreise auch Friedersdorf, ist aber entsetzt über die noch immer sichtbaren Schäden des Zweiten Weltkrieges. „Das Dorf war in einem trostlosen Zustand, die Kirche halb zerstört und wo einst das Herrenhaus stand, nur gähnende Leere; daneben Ruinen, Bauschutt, Hausmüll und Gestrüpp." Er trifft auf den Brigadier der LPG Rudi Worin, der ihm Friedersdorf ans Herz legen will, doch steht sein Entschluss schnell fest, dass hier nicht der Ort ist, den er gesucht hat. Und so teilt er den Eltern noch am selben Tag telefonisch mit, dass

„Friedersdorf ein für alle Mal verloren ist" und fährt zurück nach Bayern.

Vielleicht ist es mehr als nur ein Zufall, dass wenig später der Vater mit dem älteren Bruder von Hans-Georg auf der Rückreise von Hinterpommern auch durch Friedersdorf fährt. Wieder fällt auf, dass ein Auto mit westlichem Kennzeichen Station macht, wieder sucht der Brigadier das Gespräch. Offenbar kann er den Vater des „langen, jungen Kerls, der kurz zuvor schon hier war" besser überzeugen und ihn sogar bewegen, den Boden genauer zu prüfen. Und so ist es der Vater, der dann Hans-Georg überredet, es doch noch einmal in Friedersdorf zu probieren. Noch bevor die DDR aufhört zu existieren, unterschreibt Hans-Georg von der Marwitz im September 1990 die Verträge. Er gehört zu den ersten adeligen Rückkehrern in die alte brandenburgische Heimat.

Wenn er heute an den Anfang denkt, an die großen Hoffnungen und an den unbändigen Optimismus, der ihn und seine Frau beflügelte, erinnert er sich auch an die Ängste der Menschen. Nicht alle sind begeistert, dass sich ein von der Marwitz wieder in Friedersdorf niederlassen will. Die Befürchtungen sind groß, dass der Junker zurückgekommen ist, um ihnen das Land wieder wegzunehmen. Marwitz erlebt, wie die griffige Losung von 1945 „Junkerland in Bauernhand" noch immer nachwirkt, auch wenn damals die Bauern das Land bei der Zwangskollektivierung bald wieder abgeben mussten.

Von Anfang an werden er und seine Frau deshalb „nicht an der Bodenreform rütteln", sondern rund 800 Hektar Land pachten und kaufen und keine Ansprüche auf inzwischen besiedeltes Land stellen. Das hätte neue Ungerechtigkeiten geschaffen. „Rund 90 Prozent der Wohnhäuser, die nach 1945 hier gebaut worden sind, stehen auf ehemaligem marwitzschen Boden", sagt Hans-Georg. „Stellen Sie sich vor, was hier passiert wäre, wenn wir mit dem Anspruch gekommen wären, hoppla, wir sind wieder da und wollen unser altes Eigentum zurück!" Die Szenarien, die von der Marwitz durchspielt, zeigen auch das Dilemma, in dem der Gesetzgeber damals steckte. Das kann Marwitz heute als Politiker nachvollziehen. Dennoch sieht er auch Fehler, die gemacht wurden und scheut sich nicht, von „Rechtsbeugung" zu sprechen. „Die Politik hat damals zugunsten einer Mehrheit und damit gegen die Minderheit der Rückkehrwilligen entschieden." Er ist überzeugt, dass die Teilrückgabe von 100 Hektar ein gutes Signal gewesen wäre. Nur wenige Alteigentümer konnten es sich nach dem Ende der DDR überhaupt leisten, das Land und die Immobilien ihrer Vorfahren zu kaufen. „Die aber fehlen jetzt, deren Motivation und Investitionen wären ja dem ländlichen Raum zugutegekommen", ist sich von der Marwitz sicher. „Damals war vom demografischen Wandel noch keine Rede, heute ist die Landflucht ein immer größer werdendes Problem." Und wird damit zum grundsätzlichen Problem, denn: „Der ländliche Raum lebt von den Menschen, die hier verwurzelt sind!"

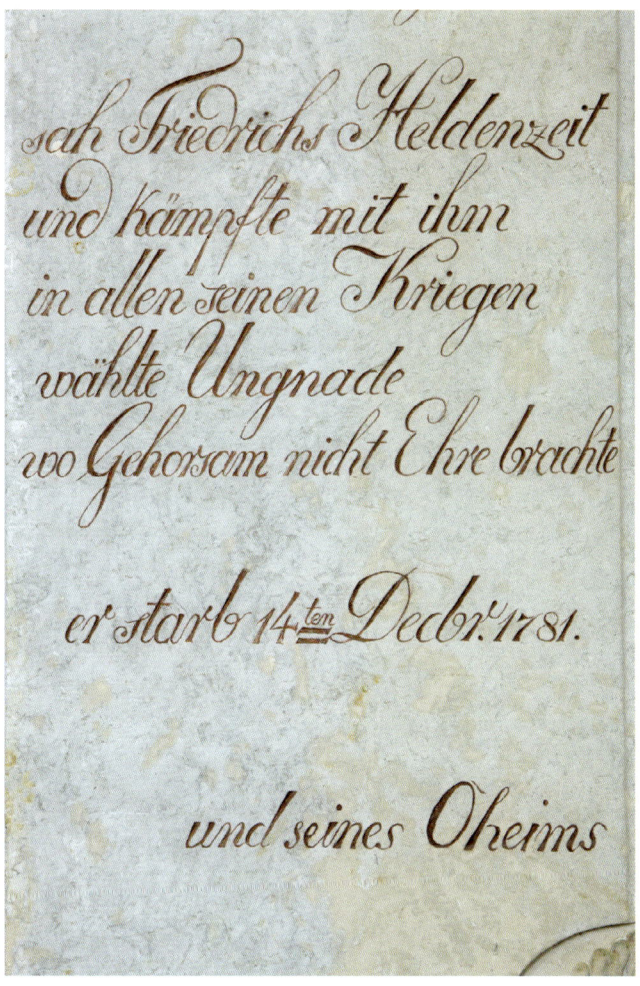

sah Friedrichs Heldenzeit
und kämpfte mit ihm
in allen seinen Kriegen
wählte Ungnade
wo Gehorsam nicht Ehre brachte

er starb 14ten Decbr. 1781.

und seines Oheims

Hans-Georg von der Marwitz tritt das Erbe der Familie an. Und so kurios es klingen mag, die Teilung Deutschlands und die daraus folgende Enteignung und Vertreibung der adligen Großgrundbesitzer werden nach dem Ende der DDR zu seiner Chance und damit zur

„Gunst der Stunde", die er zu nutzen weiß. Unter althergebrachten Umständen wäre er in der Erbfolge an 15. Stelle gewesen und als Erbe kaum infragegekommen.

Die Annäherung an seine Vorfahren dauert länger. Hans-Georg beschreibt diesen Prozess als ein vorsichtiges Herantasten. Noch heute kann er sich daran erinnern, wie er in einer Mischung aus Ehrfurcht und Staunen in der kleinen Kirche den Ahnen gegenübersteht und den Weg der Marwitze neun Generationen zurückverfolgen kann. Er versteht plötzlich die zögerliche Haltung seiner Mutter. Ab jetzt wird er sich gefallen lassen müssen, dass sein Handeln ins Verhältnis gesetzt wird zu Pflicht und Tradition, Gehorsam und Ungehorsam seiner berühmten Vorfahren.

Da ist Johann Friedrich Adolph von der Marwitz, der dem Preußenkönig Friedrich II. als Offizier dient und für ihn im Siebenjährigen Krieg kämpft. Er verweigert den königlichen Befehl, das sächsische Jagdschloss Hubertusburg zu plündern und nimmt in Kauf, dass ihn der König degradiert und ihm fortan seine Gunst entzieht. Sein Ungehorsam aber wird nach seinem Tod zum Maßstab für Moral und Ehrgefühl. Zur Erinnerung steht auf der Grabplatte in schönster Schreibschrift: „... sah Friedrichs Heldenzeit und kämpfte mit ihm in allen seinen Kriegen, wählte Ungnade, wo Gehorsam nicht Ehre brachte".

Auch sein Neffe Friedrich August Ludwig von der Marwitz dient als Offizier und macht sich im Kampf gegen Napoleon verdient. Die Stein-Hardenbergschen

Reformen lehnt er vehement ab, fürchtet – wie die meisten Landadligen – um Macht und Vorrechte seines Standes. Nach dem Tilsiter Frieden scheidet er aus der Armee aus, betreibt Landwirtschaft auf seinem Gut in Friedersdorf und ist Landtagsmarschall im Brandenburgischen Provinziallandtag. Hoch geehrt stirbt er mit 60 Jahren und findet auf dem kleinen Friedersdorfer Friedhof seine letzte Ruhe.

Mittlerweile habe er einen Weg gefunden, mit der Vergangenheit umzugehen, sagt Hans-Georg von der Marwitz und zeichnet das schöne Bild, dass er sich in den Armen dieser vielen Altvorderen manchmal ganz geborgen fühle. „Ich erlebe, wie ich Teil einer Kette sein darf und hoffe, dass auch eines meiner jetzt heranwachsenden Kinder einmal Teil dieser Kette wird."

Von Anfang an ist dem Paar wichtig, sich zu integrieren, am dörflichen Leben teilzunehmen und trotz der verschiedenen Sozialisationen und Prägungen zu einem guten Miteinander und wechselseitigen Füreinander zu finden. Über mangelnde Arbeit können beide nicht klagen. Seine Eltern, hilfsbereit und verlässlich, sind zur Stelle, wenn sie gebraucht werden. Es sind vor allem die praktischen Gründe und nicht nur die emotionalen, die sie 1998 auch dazu bewegen, ganz nach Friedersdorf zu ziehen. Hans-Georgs Mutter sagt mit einem Lächeln, in dem ein wenig Verwunderung mitschwingt: „Es war für meinen Mann und mich ganz selbstverständlich, dass wir helfen, wenn es viel Arbeit gab oder wenn ein Kind geboren wurde."

Auch nach dem Tod ihres Mannes 1997 ist sie der Schwiegertochter stets eine zurückhaltende Ratgeberin. Sie mischt sich nicht ein, hilft aber, wenn sie gebeten wird. Dorothee schätzt an ihrer Schwiegermutter besonders die Gelassenheit, die ihr bei manchen Problemen mit den Kindern enorm hilft. Claras Geschwister Bernhard, Johanna und Karl kommen im Evangelischen Lutherstift in Frankfurt (Oder) zur Welt und sind so nach über 70 Jahren wieder die ersten in Brandenburg geborenen Marwitze.

Dorothee von der Marwitz fühlt sich inzwischen angenommen und in der Region verwurzelt. Sie hat hier ihre Heimat und ihren Lebensmittelpunkt gefunden. Sicher, einige Münchner Freunde haben sie damals für verrückt erklärt, freiwillig in den Osten zu gehen. „Aber", sagt sie, „es kommt vor, dass manche Freundschaften nicht ein Leben lang halten." Die ihr wichtigen Menschen – und dabei denkt sie vor allem an die große Familie – haben sie begleitet, haben geholfen und waren oder sind häufig zu Besuch.

Ihr Mann reagiert nachdenklich auf die Frage, was Heimat für ihn sei und ist zum ersten Mal anderer Ansicht als seine Frau. Auch wenn er keine Mundart spricht und nur sein fränkisches „R" die entfernt liegende Herkunft verrät, bekennt Hans-Georg von der Marwitz offen, dass seine Heimat nach wie vor Bayern ist. Seine Stimme bekommt einen fast zärtlichen Klang, während er über dieses emotionale Thema spricht. Ja, sein Zuhause ist zweifellos Friedersdorf, aber Heimat?

„Landwirtschaft ist die wichtigste Wirtschaftsform im ländlichen Raum und je vielschichtiger sie in ihren Eigentums- und Betriebsformen gefächert ist, umso mehr lässt sich durch sie gestalten." Das hat er in Bayern erlebt. Mit Sorge sieht er deshalb die Zusammenlegung von landwirtschaftlichen Genossenschaften. Inzwischen gibt es Agrar-Großbetriebe von über 15.000 Hektar, die weit über die Gemarkungsgrenzen einzelner Dörfer hinausgehen. Er erlebt, wie sich Betriebe in diesen Größenordnungen von den Dörfern gelöst und entfremdet haben und in der Folge auch die Förderung der Dorfentwicklung auf der Strecke bleibt.

Das ist noch immer das Allgäu, das sind die Freunde, die er dort hat, das ist die Summe von Prägung, Erziehung und Erfahrung und nicht zuletzt die Erinnerung, wie er als Landwirt begonnen hat, seinen eigenen Boden zu bewirtschaften. Der „Maienhof" ist ihm auf besondere Weise ein Stück Heimat geblieben und dass seine Schwester jetzt dort wohnt, macht ihn froh.

Vielleicht ist Brandenburg aber doch längst zur zweiten Heimat für Marwitz geworden. Nur so wird sein Anliegen verständlich: Die Entwicklung des ländlichen Raumes. Er ist überzeugt davon, dass sich auf dem Land nur Bürgersinn und Engagement entwickeln können, wenn die Menschen Eigentum besitzen.

Für Hans-Georg von der Marwitz ist deshalb die Frage des Eigentums die zentrale Frage und erinnert an Artikel 14 des Grundgesetzes, wenn er sagt: „Eigentum verpflichtet". Dem fügt er hinzu: „und motiviert!" und ist deshalb überzeugt, dass es viele private Eigentümer auf dem Land geben muss.

Wie das funktionieren kann, ist seit der Gründung der Dorfgut GmbH & Co KG zu erleben, bei der 30 Gesellschafter den alten Getreidespeicher betreiben. Geschäftsführender Gesellschafter ist Marwitz selbst.

Inzwischen sind hier mehr als zehn Arbeitsplätze entstanden und der Speicher ist ein Ort für Geselligkeit und Kultur geworden. Seinen Betrieb führt von der Marwitz dreiteilig: Neben konventioneller Landwirtschaft liegt der Schwerpunkt im ökologischen Anbau von Dinkel, Weizen, Roggen und Hülsenfrüchten mit anschließender Direktvermarktung. Sein drittes Standbein ist die Stromproduktion durch Biogas.

Natürlich war der Weg, den er mit seiner Frau bis heute zurückgelegt hat, nicht nur gerade. Er war kurvenreich und steinig und manchmal abschüssig; meist aber ging es bergauf. Ohne seine Frau und die Familie hätte er das alles wohl nicht geschafft. Dabei verlangt das Leben in einer Großfamilie von allen ein hohes Maß an Respekt, Höflichkeit und Toleranz. Neben dem Trainingslager für Sozialverhalten bietet die Familie Geborgenheit und ist Zufluchtsort auch in schwierigen Lebenssituationen. Diese Verlässlichkeit ist es wohl, die allen Marwitzens eine stabile Basis für die Wege des Lebens geben.

Dorothee von der Marwitz wird leidenschaftlich, wenn sie über das Projekt spricht, das sie ab September unter dem Namen „Kinderstube" ins Leben rufen will. Sie sagt, dass sie dieses Eltern-Kinder-Thema schon lange mit sich herumträgt und es deshalb jetzt, wo die eigenen Kinder bald aus dem Hause sind, endlich umsetzen will.

„Wichtig ist das Urvertrauen, das jeder braucht, um später im Leben bestehen zu können. Ich möchte erreichen, dass sich jedes Kind angenommen fühlt. Es soll spüren: Ich werde geliebt, als Mensch, nur so, weil ich da bin." Sie sagt auch: „Die ersten drei Jahre sind die wichtigsten. Was man da versäumt, kann man nur schlecht oder nie nachholen." Sie wird ärgerlich, wenn sie an die vielen Debatten denkt, die von Politikern rund um die Arbeit und Betreuung geführt werden. „Ich erlebe, wie gefragt wird, was die Frauen brauchen, was die Männer brauchen oder die Familien brauchen – wer fragt eigentlich mal, was die Kinder brauchen?"

Und dann erzählt sie von den Problemen, die ihre Kinder mit dem Schulweg hatten. Da sie in Fürstenwalde zur Schule gingen, waren sie täglich mit Umsteigen drei Stunden unterwegs. Ein belastender Zustand, der sie auf die Idee brachte, nicht die Kinder, sondern der Vater solle fahren. Sie fanden in Fürstenwalde ein kleines Häuschen, in dem sie von Montag bis Freitag wohnten. Absichtsvoll wurde die Bleibe nur spartanisch eingerichtet, was zum einen die Vorfreude der Kinder auf das Wochenende und ihr Zuhause steigerte, zum anderen dazu führte, am Abend mangels Fernsehgerät in gemütlicher Runde vorzulesen. Eine prägende Erfahrung für die Geschwister, die gut damit umgehen konnten, wenig über TV-Programme aber viel über Märchen, Sagen und Gedichte zu wissen.

Dorothee und ihr Mann erleben in Fürstenwalde zum ersten Mal seit siebzehn Jahren eine gewisse Anonymität, genießen die abendliche Zweisamkeit und den Luxus langer Spaziergänge. Drei Jahre wird dieses kinderfreundliche Familienleben praktiziert, dann gibt

Auch wenn Dorothee von der Marwitz bewusst ist, dass nicht jedes Problem mit Zweitwohnsitzen zu lösen ist, möchte sie ihre Erfahrungen bei der Kindererziehung weitergeben. Sie nennt es „Basisarbeit", die sie leisten will und meint damit, dass manch junge Mutter erst lernen muss, wie Tage strukturiert werden, um Freiräume schaffen zu können, die den Kindern zugutekommen. Sie hat erlebt, wie junge Eltern mit Alltäglichkeiten überfordert sind und kann sich auch vorstellen, Hilfe beim Kochen zu geben. Noch weiß sie nicht, ob die Idee funktioniert. Sie weiß aber genau, dass sie mit Putzen und Aufräumen unterfordert ist, deshalb hat sie jetzt mit einer systemischen Ausbildung zur Kinder- und Jugendberaterin begonnen.

Während ihr Mann längst zu einem anderen Termin unterwegs ist, sucht Dorothee von der Marwitz zuletzt noch die Fotoalben heraus. Zwischen den ruinösen Resten alter Gebäude, Bergen von Bauschutt und frisch gemauerten Wänden steht er: weiß, groß und in elegant geschwungener Form, ein „Hobby Prestige" – der Wohnwagen der ersten Stunde, für die Familienchronik im Foto festgehalten.

es in Friedersdorf und Umgebung wieder fünfzehn Kinder, die eine christliche Schule besuchen wollen. Eine Elterninitiative erreicht, dass ein Bus sie täglich von Seelow zur Katholischen Schule in Fürstenwalde und zurück bringt.

Ernte in Märkisch-Oderland

Gebhard und Amelie Graf und Gräfin von Hardenberg
und die Kinder Henrich und Helene

Die Aura von Jahrhunderten

Nur wer genau darauf achtet, entdeckt in der Mitte der schmiedeeisernen Tore den Kopf des schwarzen Ebers mit herausgestreckter Zunge. Der Legende nach soll 1330 eine Wildsau durch lautes Grunzen die Burgherren im niedersächsischen Hardenberg vor einem nächtlichen Angriff gewarnt und so gerettet haben. Seitdem schmückt der Wildschweinkopf das Wappen der Hardenbergs.

Im Osten Deutschlands ist das ungewöhnliche Wappentier bei weitem nicht so bekannt wie im Westen, wo es seit über 300 Jahren auch für Hochprozentiges steht und die Etiketten der meisten Produkte des Spirituosenherstellers Hardenberg-Wilthen GmbH aus Nörten in Niedersachsen ziert. In Lietzen, im äußersten Osten Brandenburgs nahe dem Oderbruch, ist der schwarze Eberkopf dezenter Hinweis auf die seit 1994 hier wohnende Familie der Grafen von Hardenberg.

Die Torflügel zur Komturei Lietzen sind meist weit geöffnet, so dass sich Besucher willkommen fühlen. Die Zufahrt ist lang und schnurgerade. Sie wird von Kastanien gesäumt und wirkt wie eine kleine Schwester der berühmten Brandenburger Alleen. Die Bäume sind 1996 gepflanzt worden und haben nach 16 Jahren schon eine beachtliche Höhe erreicht. Eines Tages wird man an den Jahresringen ablesen können, seit wann die Hardenbergs wieder Brandenburger Wurzeln haben.

Beim Nähertreten wird die wohldurchdachte Anordnung des Gebäudeensembles offensichtlich. Der Gast bekommt eine Vorstellung, nach welchem Prinzip das Rittergut zunächst vom Templerorden, später dann von den Johannitern erdacht und errichtet wurde. Die strenge Gliederung in rechten Winkeln zeugt von Klarheit, das eng aneinander Gerücktsein von Schutz und Abgeschirmtheit. Die Kirche – weithin sichtbare Orientierungshilfe – stammt aus dem Mittelalter, ebenso der Kornspeicher, welcher der älteste in Brandenburg ist. Das zweigeschossige, lang gestreckte Herrenhaus wurde im 13. Jahrhundert erbaut und im 17. Jahrhundert verändert, die Wirtschaftsgebäude etwa 200 Jahre später. Nach dem Verbot der Templer übernahmen die Johanniter 1312 die Komturei und bewirtschafteten rund 500 Jahre lang das Gut.

Was sich heute in Harmonie und historischer Selbstverständlichkeit zeigt, konnten die Hardenbergs nur

Schweineställe zu sein und so errichtete man Unterkünfte für nicht weniger als 7.000 Tiere, die vor der
Schlachtung hier gemästet wurden.

Der Hausherr Gebhard Graf von Hardenberg ist gut gelaunt und entspannt. Er ist gerade aus Niedersachsen
gekommen, wo er einen zweiten landwirtschaftlichen
Betrieb hat. Seine Frau Amelie, eine Juristin, wird erst in
den nächsten Tagen wieder in Brandenburg sein. Das
Management der beiden Betriebe funktioniert, die fünf
Kinder sind fast erwachsen und Gebhard ist geübt
darin, Küche und Haushalt in Lietzen ganz nebenbei zu
bewältigen. Für die grundsätzlichen Arbeiten gibt es
eine freundliche Haushaltshilfe.

Hardenberg wirkt locker und konzentriert zugleich
und so, als ob er gerade alle Zeit der Welt hätte. Wie
schön er hier wohnt, ist ihm bewusst. Er wird im Verlauf des Gespräches nicht nur einmal darauf hinwei-
sen, dass es ihm einfach gut gehen muss, hier, an
diesem Ort, wo sich die Aura von Jahrhunderten mit
dem Zauber einer unspektakulären Landschaft
mischt.

Dabei ist die Region nicht berühmt für besondere
Sehenswürdigkeiten und außerordentliche Natur-
wunder. Es gibt viel flaches Land, zahlreiche Seen,
Mischwälder und hin und wieder einen sanften Hügel
mit einem weiten Blick über die Oder bis nach Polen.
Der besondere Reiz liegt im undramatischen Nichts,
in der Ruhe und Einsamkeit. Der Landstrich ist nach
wie vor dünn besiedelt, die Dörfer eher unauffällig

erahnen, als sie Lietzen 1986 das erste Mal besuchten.
Im Herrenhaus war die Verwaltung des Volkseigenen
Gutes untergebracht, die anderen Gebäude gehörten
ebenfalls dem VEG Tierproduktion. Das 20 Hektar große
Areal der alten Komturei schien wohl der ideale Ort für

und die Vegetation nicht außergewöhnlich. War der Winter mild, löst allerdings eine kleine Pflanze Jahr für Jahr eine touristische Wallfahrt aus. Wenn die Adonisröschen blühen und die Oderlandschaft im Vorfrühling kilometerweit in sanftes Hellgelb tauchen, ist hier eine botanische Besonderheit zu bestaunen, die sonst nur in Südsibirien beheimatet ist.

Traurige Bekanntheit erlangte das Oderbruch in den letzten drei Wochen des Zweiten Weltkriegs. Nirgendwo waren im April 1945 die Kämpfe verlustreicher. Die letzte große Schlacht des Krieges forderte rund 100.000 Menschenleben. Um die Rote Armee in ihrem Marsch nach Berlin aufzuhalten, schickte Hitler junge Soldaten und alte Männer ins letzte Gefecht und damit in den tausendfachen Tod. Zur gleichen Zeit zogen lange Flüchtlingstrecks von Ost nach West.

Herrenhäuser und Bauernhöfe wurden zu Behelfsquartieren für die Heimatlosen, die hofften, bald wieder nach Hinterpommern und Ostpreußen zurückzukehren. Nicht alle überlebten die ersten Monate nach dem Krieg. Hunger, Entkräftung und Krankheit forderten weitere Opfer. Noch fünfzig Jahre danach stießen Bauarbeiter bei der Sanierung der Komturei auf zivile Opfer, wahrscheinlich Flüchtlinge und Heimatvertriebene, deren Identität nicht mehr festgestellt werden konnte. An einem ruhigen Ort hinter der Kirche haben mehr als dreißig namenlose Tote ihre letzte Ruhe gefunden.

Graf von Hardenberg ist bewegt, wenn er über seinen Beginn in Brandenburg spricht. Schon als Kind interessiert an Geschichte, trifft er im Osten Deutschlands auf Spuren des Zweiten Weltkrieges, die es in der Bundesrepublik so nicht gab. Vor allem aber trifft er auf die Geschichte seiner Familie. Die begann allerdings nicht hier in Lietzen, sondern im etwa 20 Kilometer entfernten Neuhardenberg.

Der Ort, der damals Quilitz hieß, und zu dem ein Gut gehörte sowie ein Barockschloss nebst Kirche, wurde 1814 von König Friedrich Wilhelm III. Karl August von Hardenberg für dessen besondere Verdienste geschenkt, zusammen mit den Gütern Altrosenthal und der Komturei Lietzen. Im selben Jahr hatte der König seinen Staatskanzler Hardenberg in den erblichen Fürstenstand erhoben und veranlasste 1815 höchstpersönlich die Umbenennung von Quilitz in Neu-Hardenberg.

Geehrt wurde damit ein außergewöhnlicher Mann für seine außergewöhnliche Lebensleistung. Der 1750 im niedersächsischen Essenrode geborene Hardenberg war Jurist und Staatswissenschaftler, Verwaltungsbeamter, Diplomat, preußischer Staatskanzler, zeitweise Außen-, Innen- und Finanzminister zugleich, Gutsherr und vor allem Staatsreformer. Ihm verdankte Preußen grundlegende Staats- und Verwaltungsreformen und die beginnende Überleitung vom Feudalismus zu einer bürgerlichen Gesellschaft. Von besonderer Bedeutung für den besitzenden Landadel waren die von Hardenberg ausgearbeiteten Agrarreformgesetze, in denen unter anderem geregelt war, wie Bauern zu freien

Baumeister Preußens, Karl Friedrich Schinkel, der einen modernen, zweigeschossigen Bau errichtete. Die Fertigstellung erlebte Hardenberg jedoch nicht mehr. Der preußische Staatskanzler starb 1822 und wurde in einem ebenfalls von Schinkel erbauten Mausoleum neben der Kirche beigesetzt, sein einbalsamiertes Herz wurde lange Zeit in der Kirche hinter dem Altar aufbewahrt. Die Einführung einer preußischen Verfassung, die stets Hardenbergs großes Ziel war, erreichte er nicht mehr.

Im Jahr 1921 übernimmt der Ururgroßneffe Carl-Hans Graf von Hardenberg die Standesherrschaft von Neu-Hardenberg. Er ist 30 Jahre alt, ausgebildeter Land- und Forstwirt, verheiratet mit Renate Gräfin von der Schulenburg und bereits Vater von drei Kindern. Nach dem Ersten Weltkrieg, an dem er als Offizier teilgenommen hatte, tritt er wie viele adlige Gutsbesitzer der DNVP bei; distanziert sich aber nach der Machtergreifung der Nationalsozialisten von den neuen Herren, die jetzt Deutschlands Politik bestimmen. Sowohl die Ermordung des ehemaligen Reichskanzlers Kurt von Schleicher durch Hitlers SS während des sogenannten Röhm-Putsches, als auch die öffentliche Herabwürdigung des früheren Oberbefehlshabers des Heeres, Werner Freiherr von Fritsch, entsetzen ihn und bestärken seine Ablehnung. Wie wenig sein konservativer Ehrbegriff zu der propagierten Ideologie der Nationalsozialisten passt, fasst er später in einem Satz zusammen: „… Ruhm, aber nicht Ehre wurde gepriesen."

Eigentümern ihres Bodens werden konnten. Damit machte sich Hardenberg keine Freunde bei den meisten märkischen Adligen, die ihre Rechte beschnitten sahen.
    Mit dem Umbau des barocken Landschlösschens beauftragte Hardenberg den seinerzeit berühmtesten

Es ist für Hardenberg ein langer und vor allem quälender Prozess, bis er aus seiner ablehnenden Haltung zum aktiven Widerstand findet. Ehre und Pflichtgefühl sind bestimmende Richtlinien seines Lebens, auch fühlt er sich als Soldat durch den Eid an seinen obersten Kriegsherrn Hitler gebunden.

Seine Tochter Reinhild Gräfin von Hardenberg schildert in ihren Erinnerungen den Gewissenskonflikt ihres Vaters und den Kampf, den er mit sich ausgefochten hat zwischen Gehorsam und Vaterlandsliebe. Sie wird später seine Sekretärin und ist, wie die Mutter auch, in die Verschwörungspläne gegen Hitler eingeweiht. Reinhild berichtet, dass der Kontakt zu den Männern und Frauen des Widerstandes ab Sommer 1942 bestand. Einer der engsten Vertrauten ist Henning von Tresckow; aber auch Kurt Freiherr von Plettenburg, Werner von Haeften, Ewald Heinrich von Kleist, Ludwig Freiherr von Hammerstein und Axel von dem Bussche besuchen Neu-Hardenberg, besprechen und planen dort den Umsturz.

Seit 1941 ist Carl-Hans von Hardenberg persönlicher Adjutant des Generalfeldmarschalls Fedor von Bock und in dieser Funktion auch an der Ostfront eingesetzt. Hier wird er Zeuge von Massenerschießungen russischer Juden. Ein Erlebnis, das ihn „zum entschiedenen Verschwörer macht", wie Reinhild später schreibt und damit deutlich ausdrückt, dass nicht erst die Niederlage von Stalingrad die kritischen Offiziere zu Widerstandskämpfern machte.

Im Sommer 1943 lernt Reinhild Werner von Haeften kennen. Er ist ebenfalls bereit, sich am Widerstand zu beteiligen und besucht häufig Neu-Hardenberg. Sie verlieben und verloben sich noch im selben Jahr. Auch er ist längst desillusioniert und beschreibt nach einem Einsatz an der Ostfront den Wahnsinn des Krieges und das Leid, das er über die Menschen bringt. Ab 1943 ist Haeften Adjutant von Claus Schenk Graf von Stauffenberg. Er ist dabei, als Stauffenberg die Bombe im Führerhauptquartier bei Rastenburg deponiert, die zwar explodiert, aber Hitler nicht tötet. Nach dem gescheiterten Attentat wird Haeften zusammen mit Stauffenberg, Friedrich Olbricht und Merz von Quirnheim noch in der Nacht vom 20. zum 21. Juli 1944 im Berliner Bendlerblock standrechtlich erschossen.

Für den Fall des missglückten Anschlags hat Carl-Hans von Hardenberg beschlossen, sich das Leben zu nehmen, um nicht unter der Folter der SS Mitverschwörer und Freunde zu verraten. Er ist vorbereitet, als am 24. Juli bewaffnete Gestapo-Leute in Neu-Hardenberg erscheinen. Nachdem er sich von seiner Frau verabschiedet hat, kehrt er in die Bibliothek zu den wartenden Männern der Gestapo zurück. Vor ihren Augen greift Hardenberg zum Revolver, der schussbereit in der Schublade seines Schreibtischs liegt. Wohl mit Rücksicht auf seine Frau schießt sich Hardenberg nicht in den Kopf, sondern in die Brust. Doch er verfehlt sein Herz. Während ein Arzt gerufen wird, versucht er, sich die Pulsadern zu öffnen. Auch das misslingt. Schwer verletzt wird er verhaftet und auf die Krankenstation des KZ Sachsenhausen gebracht. Er soll überleben, die Anklage wird bereits vorbereitet. Ein Mithäftling, der

wird sie wieder entlassen, weil ihr eine direkte Verbindung zu den Attentätern nicht nachgewiesen werden kann. Wie prägend diese Erfahrung ist, erlebt Gebhard später, als er mit ihr die DDR besucht und von der Haltung der Tante beeindruckt ist, die sich von nichts und niemandem einschüchtern lässt. Er spricht bewundernd von ihrer Souveränität und Furchtlosigkeit und dem „ziemlich guten Gefühl", das er in ihrer Gegenwart hatte.

Gleich nach der Verhaftung von Vater und Tochter werden die Hardenbergs 1944 durch die Nationalsozialisten enteignet und das Gut unter Zwangsverwaltung gestellt. Nach dem Ende des Krieges muss die Familie erleben, dass sie nicht in der SBZ erwünscht ist und die Enteignung nicht rückgängig gemacht wird. Sie finden Aufnahme bei Verwandten in Nörten-Hardenberg, Niedersachsen, Gebhards Großeltern nehmen sie auf. Später leben Carl-Hans und seine Frau im Taunus. Er wird 1946 Bevollmächtigter der Vermögensverwaltung des Hauses Hohenzollern. In die DDR darf er nicht reisen und wird deshalb auch Neuhardenberg, das jetzt Marxwalde heißt, nicht mehr wiedersehen. 1958 stirbt Carl-Hans

Krankenpfleger und Kommunist Paul Hofmann, versorgt ihn, erkennt auch die schwere Diabetes des Grafen und pflegt ihn gesund. Als das Lager im April 1945 vor der anrückenden Roten Armee evakuiert wird und tausende Häftlinge auf den Todesmarsch getrieben werden, bleibt Hardenberg zurück. Am 21. April erreichen sowjetische Truppen das KZ – Hardenberg erlebt die Befreiung und das Ende der Naziherrschaft.

Seine Tochter Reinhild wird ebenfalls verhaftet und ins Untersuchungsgefängnis nach Berlin-Moabit gebracht. Sie ist 21 Jahre alt, trauert um ihren Verlobten und hat Angst um ihren Vater. Mit großer Selbstdisziplin übersteht sie die fünf Monate der Haft. Dann

Graf von Hardenberg. Sein letzter Wunsch, in der alten Heimat bestattet zu werden, wird von Karl Linse, dem Bürgermeister von Marxwalde mit der Begründung abgelehnt, dass eine Überführung der Leiche des Grafen eine Verhöhnung des Willens der Mehrheit der Bevölkerung darstellen würde. Auch wären auf dem Gebiet der Republik die Junker und Großgrundbesitzer von dannen gejagt worden und man wolle deshalb weder sie noch ihre Asche wiedersehen.

Drei Jahrzehnte später fällt die Mauer. Die Familie Hardenberg stellt Antrag auf Restitution. Der Anspruch wird anerkannt und so kehren die Hardenbergs 45 Jahre nach ihrer Vertreibung in die brandenburgische Heimat zurück.

Gebhard hat einen älteren Bruder und ist deshalb als Erbe des väterlichen Hofes in Niedersachsen nicht vorgesehen. Ein Leben ohne Landwirtschaft kann er sich gut vorstellen, ihn interessieren Kunst und Geschichte. Doch sein Bruder will kein Bauer, sondern Schauspieler werden. Und so fügt sich Gebhard dem Wunsch des Vaters, macht eine Ausbildung zum Agrarwirt und übernimmt 1985 das Gut in Wolbrechtshausen. Da ist er gerade 26 Jahre alt und ahnt nicht, dass er wenige Jahre später einen zweiten landwirtschaftlichen Betrieb in Brandenburg aufbauen wird.

„Immer", erzählt er, „war die Geschichte meines Großonkels in unserer Familie ein vielbesprochenes Thema." In der Öffentlichkeit eher nicht. Die Bundesrepublik tut sich schwer mit der Anerkennung dieser Art von Widerstand. Noch heute findet es Gebhard von Hardenberg unerträglich, dass die Witwen von Wehrmachtsoffizieren hohe Pensionsansprüche hatten, während die Witwen und Kinder der Widerständler des 20. Juli 1944 um ihre Existenz kämpfen mussten. Carl-Hans Graf von Hardenberg hatte auch deshalb 1949 zusammen mit anderen Betroffenen die Stiftung „Hilfswerk 20. Juli 1944" gegründet, die die Angehörigen der Widerstandsbewegung unterstützen soll.

Die erste öffentliche Würdigung findet in Berlin statt. Sieben Jahre nach dem Krieg erinnert Ernst Reuter, Regierender Bürgermeister von West-Berlin, an die Widerständler, ein Jahr später weiht er im Bendlerblock das Denkmal für die Opfer des 20. Juli ein. 1954 würdigt Bundespräsident Theodor Heuss in einer Rede an der Freien Universität Berlin die mutigen Männer um Stauffenberg. Die rechtliche Rehabilitation erfolgt erst, als der Bundestag 1998 das Gesetz zur Aufhebung der nationalen Unrechtsurteile beschließt.

Der einzige Sohn von Carl-Hans, Friedrich-Carl Graf von Hardenberg, fährt mit Reinhild und seinen beiden anderen Schwestern Astrid und Renate noch zu DDR-Zeiten jedes Jahr in die alte Heimat. Erst nach der Wende können die Geschwister den letzten Wunsch des Vaters erfüllen und anlässlich seines 100. Geburtstages im Oktober 1991 die Urne zusammen mit der seiner Frau auf dem Familienfriedhof der Hardenbergs beisetzen.

Am 1. Januar 1991 wird der Ort rückbenannt und heißt wieder Neuhardenberg, jetzt ohne Bindestrich. Die Familie bekommt das Schloss, die Komturei Lietzen und Altrosenthal zurück. Ebenso Land, Wald und Seen, sofern es sich nicht um Bodenreformland handelt, das

von der Restitution ausgeschlossen ist. Bis 1996 versucht Friedrich-Carl das Schloss zu halten, aber die Summe, die investiert werden muss, kann die Familie nicht aufbringen. Schließlich wird die Sparkassenstiftung als neuer Eigentümer gefunden.

Doch nicht alles wird verkauft. In Brandenburg soll Landwirtschaft wieder durch einen Hardenberg betrieben werden. Der kinderlose Friedrich-Carl sucht nach einem geeigneten Erben und findet ihn in seinem Neffen Gebhard, den er adoptiert und ihm den Aufbau des Betriebes überträgt. Ohne seine Frau Amelie hätte sich Gebhard nicht in dieses Abenteuer gestürzt. Sie ist eine geborene von Grone und wie er auf einem großen Gut in Niedersachsen aufgewachsen. „So eine Aufgabe kann man nur bewältigen, wenn beide es wollen", sagt er mit Bestimmtheit. Zunächst geht er allein nach Brandenburg, seine Frau und die Kinder folgen zwei Jahre später. Der jüngste Sohn kommt 1996 zur Welt.

Der Start ist schwierig, es fehlen alle Unterlagen, um das frühere Eigentum zu bestimmen. Gebhard besorgt sich Karten und bittet alte Bewohner, ihm als Zeitzeugen bei der Zuordnung der Grundstücke zu helfen. Die Mutterrollen und Messtischblätter können nicht gefunden werden. Eine aufwändige Kleinarbeit beginnt. Am Ende sind 70 Prozent der ehemaligen hardenbergschen Flächen erkundet und dienen als Grundlage für die Rückübertragung, allerdings mit dem Zusatz, dass die Hardenbergs von ihrem Anspruch zurücktreten, sobald sich die Zuordnung als fehlerhaft erweisen sollte.

Erst acht Jahre später klärt sich auf, wo die Mutterrollen aufbewahrt waren. Kurz verliert Gebhard von Hardenberg seine gute Laune, wenn er davon erzählt. Als ihn das Lastenausgleichsamt in Düsseldorf auffordert, die gezahlte Summe des Lastenausgleichs zurückzuerstatten, stellt sich heraus, dass die Berechnungsgrundlage eben jene Mutterrollen sind, die im Amt Jahre vorher „nicht auffindbar" waren. Der Großonkel Carl-Hans Graf von Hardenberg hatte sie selbst gleich nach Kriegsende in den Westen geschickt, um sie sicher aufbewahrt zu wissen. Das Verfahren muss dennoch nicht wiederholt werden, ein Abgleich mit den Karten zeigt, dass die Zeitzeugen gute Arbeit geleistet haben. Ihre Angaben stimmen fast hundert Prozent mit den Flurstücken des hardenbergschen Eigentums überein.

Die Restitution ist heute noch immer nicht abgeschlossen. Von den rund 7.400 Hektar Land, Wald und Wasser, die den Hardenbergs bis 1944 gehörten, ist die Hälfte restitutionsfähig, aber noch nicht rückübertragen. Jetzt müssen die „Problemfälle" geklärt werden, sagt Hardenberg und dass er in der schwierigen Phase angekommen sei, in der zwar sein Rechtsanspruch bestehe, aber das gefühlte Rechtsempfinden mancher Nachbarn und Gemeindevertreter ein anderes sei. Er beschreibt Aversionen, die er nicht erwartet hat und spricht über mangelnde Kommunikation und darüber, dass er bei Problemen oft ein klärendes Gespräch vermisse. Nach über 20 Jahren hat er gehofft, dass der schnelle Griff zum Telefon inzwischen möglich sei. Es

ist eher Verwunderung und nicht Resignation, die in seiner Stimme mitschwingt.

Doch auch Stolz ist zu hören, wenn der Graf über das Erreichte spricht und seinem Gast zeigt, wie reizvoll dieser Winkel Brandenburgs ist. „Die Ruhe muss man schon aushalten können", sagt er und sieht dabei wieder sehr entspannt und fröhlich aus. Immer wieder erlebt er, wie der Blick von der Terrasse des Herrenhauses über den Park bis hin zum Küchensee nicht nur Freunde und Bekannte, sondern auch nüchterne Journalisten zum Schwärmen bringt.

Gemeinsam mit seiner Frau hat er die historischen Gebäude restauriert, um- und ausgebaut. Er hat aus dem Erbe der Vorfahren wieder einen florierenden Betrieb gemacht und Arbeitsplätze für 14 Mitarbeiter geschaffen. Dafür ist eine siebenstellige Summe investiert worden. Ein viel zitierter Satz aus der Anfangszeit lautet: „Was sollen wir unseren Kindern in 20 Jahren sagen, wenn wir das nicht machen würden?"

Sie haben es gemacht und das Ergebnis zeugt von Geschmack und Stilempfinden. Gerne legt Hardenberg auch selber Hand an, gestaltet Räume und ändert Bilderwände. Zuletzt ist ein zweites Speisezimmer fertig geworden, das im Dreiklang Grün-Weiß-Gold den eleganten Rahmen für Tafelrunden abgeben wird. Das helle Grün der Wände verbindet den Raum harmonisch mit dem Park, von dem das Haus umgeben ist. Dank eines veritablen Wandspiegels können auch die Gäste in den Park schauen, die mit dem Rücken zum

Renovierung übernehmen. Seit der Instandsetzung ist die Kirche täglich von 8 bis 18 Uhr geöffnet. Gäste sind willkommen und werden von einem Taufengel begrüßt, der, im Raum schwebend, die Hand zum Segen erhoben hat.

Nicht alle Gebäude sind öffentlich. Es passiert, dass Besucher das Schild mit dem Hinweis „PRIVAT– kein Durchgang" übersehen, ungeniert weiterlaufen und sich auch auf der Terrasse des Herrenhauses zum Picknick niederlassen. Während sein jüngster Sohn Ludwig diese Distanzlosigkeit mit dem Satz kommentiert „Achtung alter Adel – bitte nicht füttern", bleibt Graf Hardenberg selbst dann noch höflich, wenn ihm Unhöflichkeit begegnet. Er hat inzwischen Routine darin, ungeladene Gäste nach ihren Wünschen zu fragen. Nur geübte Ohren hören dabei den Anflug eines ärgerlichen Untertons heraus.

Fenster sitzen. Und er zeigt mit leuchtenden Augen auf drei Erbstücke. Endlich ist es ihm gelungen, Teile eines alten Tafelaufsatzes aus dem Besitz des Staatskanzlers wieder aufzustellen. Brandenburgisch-preußische Kargheit will sich weder in der Einrichtung, noch in Sprache und Gestus offenbaren. Gebhard Graf von Hardenberg ist ein Genussmensch und jemand, der sich am Erreichten immer wieder erfreuen kann.

Ungewöhnlich ist auch, dass die kleine Kirche Privateigentum der Familie ist. Auch sie wurde rückübertragen. Doch die Amtskirche ist für private Gotteshäuser nicht zuständig und so mussten die Hardenbergs allein die Kosten für die Sanierung und

Viele mögen ihn ob seines Charmes und seiner Lebenslust und lassen sich gerne davon anstecken. Andere mögen ihn nicht. Das hat oft mit Vorurteilen und Neid zu tun. Schon als Kind erlebt Gebhard diesen unausgesprochenen Neid und lernt, damit umzugehen.

Er macht die Erfahrung, dass es nicht allein an ihm liegt, wie andere ihn sehen und legt es nicht darauf an, von allen gemocht zu werden. Freundschaften an Stammtischen zu suchen, ist nicht nach seinem Geschmack. Lieber lädt er das gesamte Dorf ein, sich nach dem Umzug der Familie anzusehen, wie denn die Grafen wohnen. Er hat keine Berührungsängste. Wichtig ist ihm auch ein gutes Verhältnis zu seinen Angestellten. Für seine Belegschaft organisiert er gleich zu Beginn einen Betriebsausflug nach Hamburg, Reeperbahn inklusive. Überhaupt ist er ein Kümmerer und hilft lieber individuell und ohne Aufhebens, besonders dann, „wenn die Bürokratie versagt".

Um das Erbe macht er sich keine Sorgen. Er übt keinen Druck aus. Warum auch: „Es ist so schön hier, wieso sollte eins meiner Kinder das nicht übernehmen?" Der älteste Sohn macht gerade eine Ausbildung zum Forstwirt, die beiden Töchter studieren Jura bzw. Pädagogik, ein Sohn studiert Landwirtschaft. Der Jüngste wird ab Herbst ein Internat besuchen.

Graf Hardenberg ist mit sich im Reinen. Unangenehm fände er, wenn über ihn abfällig geurteilt würde. Aber das dürfte kaum der Fall sein. Abschließend sagt er, dass ihm und seiner Frau immer wichtig sei, sich am Morgen im Spiegel anschauen und sagen zu können: „Wir haben nichts getan, was ganz und gar daneben war."

Die Oder, Grenzfluss zwischen Deutschland und Polen

Karl-Christoph und Elke von Stünzner-Karbe
Karl-Jürn und Julia von Stünzner-Karbe
und die Kinder Max, Friedrich, Helena, Alexander, Richard und Anna

Die Stünzners
hatten immer Heimweh

Im Frühjahr 1989 packt Elke von Stünzner-Karbe in Bonn die letzten Umzugskartons aus. Die Möbel haben ihren neuen Platz bereits gefunden, das Geschirr hat den Transport unbeschadet überstanden und die Bücher stehen geordnet in den Regalen. Auch die Bilder sind bereits aufgehängt. Sie hat Übung darin. Als Frau eines Offiziers ist sie in 23 Ehejahren 13 Mal umgezogen. Immer hat das auch bedeutet, Freunde zurückzulassen, die Kinder umzuschulen und sich wieder auf eine neue Stadt und Region einzulassen. Jetzt soll das Nomadenleben ein Ende haben. Der Umzug ins Haus der Schwiegermutter wird der letzte sein. Im freundlichen Bonn will das Paar sesshaft werden und den

Ruhestand genießen. Noch knappe sechs Jahre muss ihr Mann Karl-Christoph dienen, dann wird er seinen Abschied von der Bundeswehr nehmen.

Im November 1989 fällt die Mauer – und alle Ruhestandspläne geraten ins Wanken. Noch im Dezember 1989 fahren Stünzners in die DDR, weit nach Osten, in die Nähe von Frankfurt (Oder) nach Sieversdorf. Zum ersten Mal nach 42 Jahren steht Karl-Christoph von Stünzner-Karbe wieder vor dem Haus seiner Kindheit. Es ist ein trostloser Anblick. Das neunachsige barocke Herrenhaus ist fast zur Hälfte abgerissen, der Anbau fehlt ganz. Teile der alten, imposanten Stallungen, die den Gutshof begrenzten, sind ebenfalls abgetragen worden. Der große Park hinter dem Haus ist verschwunden, die Kastanienallee gerodet. Stattdessen hat hier die LPG-Gärtnerei ihre Gewächshäuser errichtet, die Kohle-Berge zum Beheizen liegen direkt davor. In die Blickachse zur Dorfstraße ist das Schlachthaus der LPG gebaut, die Hoffläche zusätzlich mit Zäunen und Schuppen verstellt. Nichts soll an den herrschaftlichen Wohnsitz der früheren Besitzer erinnern.

Nur mit viel Phantasie entdeckt Stünzner in dem maroden Halbgebäude sein Elternhaus. Er muss sich erst an den Anblick gewöhnen, der so ganz anders ist als das Bild, mit dem er groß wurde. Weder die alte Radierung mit der Darstellung des Herrenhauses, die ihn von Umzug zu Umzug begleitet hat, noch die Erzählungen seiner Eltern entsprechen der Wirklichkeit.

Er ist sechs, als der Zweite Weltkrieg zu Ende geht. Bald danach werden seine Eltern enteignet und aus-

die Rückseite

Die Stünzners finden zunächst bei Stendal und Holzminden eine Unterkunft, später werden sie in Schleswig-Holstein leben.

Mit der Begründung, Baumaterial für dringend benötigte Unterkünfte für die vielen Flüchtlinge zu gewinnen, wird 1947 nach der Enteignung und Vertreibung der Landadeligen auch der Abriss ihrer Wohnhäuser beschlossen. Ausgenommen sind nur wenige, kunsthistorisch besonders bedeutende Schlösser und Herrenhäuser, die entweder von der Besatzungsmacht selbst genutzt werden oder sich als Kinderheim, Krankenhaus und Sanatorium eignen. Auch wenn sich vielerorts Bewohner und sogar Bürgermeister dem Abriss widersetzen, wird auf der Grundlage des Befehls 209 eine beispiellose Zerstörung von Kulturgütern durchgeführt. Das eigentliche Ziel dieser Aktion formuliert Walter Ulbricht am 31. März 1948 in einem Schreiben an die SED-Landesvorsitzenden so: „Der Abriss darf nicht nur unter dem Gesichtswinkel gesehen werden, Baumaterialien für Neubauernsiedlungen zu gewinnen; viel wichtiger ist, soweit als möglich die Spuren der Junkerherrschaft auf dem Dorfe zu vernichten."

gewiesen. Er selbst hat an diese Zeit nur wenige, episodenhafte Erinnerungen. Eine Tante, die im Ort Geflügelzucht betreibt, besitzt weniger als 100 Hektar Land und wird deshalb nicht enteignet. Die Eltern bitten sie, den Knaben im Sommer 1947 für ein halbes Jahr aufzunehmen, um die Verbindung der Familie nach Sieversdorf zu erhalten. Karl-Christoph geht 1947 ein halbes Jahr hier zur Schule. Später ist er verblüfft, wie genau sich ehemalige Mitschüler an diese kurze, gemeinsame Schulzeit erinnern und ihn darauf ansprechen. Doch auch der Aufenthalt bei Tante Marlis ist nur eine Verzögerung. Ende 1947 muss auch der letzte Spross der Familie Stünzner-Karbe endgültig die Heimat verlassen.

Der politische Hintergrund des Unterfangens wird in Sieversdorf besonders deutlich. Obwohl das bis dahin unversehrte Herrenhaus bis unters Dach mit Flüchtlingen belegt ist, soll es abgetragen werden. Zunächst wehrt sich der damalige Bürgermeister Paul dagegen. Erst die drohende Verhaftung bricht seinen Widerstand und der Abriss nimmt seinen Anfang. Er beginnt mit dem hinteren Flügel und dem Wirtschaftsteil, in dem sich früher die „schwarze Küche" befand, – eine Besonderheit aus dem 19. Jahrhundert, als Küchen separat gebaut wurden, um bei einem möglichen Brand das Wohnhaus zu schützen. Im Anschluss wird auch der rechte Flügel des Herrenhauses abgetragen. Doch dann widersetzt sich das alte Gebäude der weiteren Zerstörung. Die massive Bauweise erweist sich als zu stabil für die Abrissbirne. Und so bleibt das Haus als Fragment stehen. Die unverschlossene Giebelwand trotzt weitere dreißig Jahre dem Wetter. Erst in den 1970-er Jahren wird das halbe Herrenhaus mit einer Betonwand gesichert und für Wohnungen genutzt. Später wird hier die örtliche Konsum-Verkaufsstelle untergebracht, dann auch der Kindergarten, eine staatliche Arztpraxis und der Rat der Gemeinde. Der Festsaal in der oberen Etage bleibt erhalten und dient als Sport- oder Versammlungsraum. Trotz mancher Umbau- und Renovierungsversuche sind Stilsicherheit und Schönheit des Raumes noch immer zu ahnen.

Der Gesamtzustand des Herrenhauses ist 1989 nur als beklagenswert zu beschreiben. Stünzner-Karbe begreift, dass hier eine immense Aufgabe auf ihn wartet,

falls er sich zu einer Rückkehr entschließen sollte. Der Besuch ist für ihn berührend und verpflichtend zugleich. Auch wenn er noch nicht weiß, wie alles zu schaffen ist, steht für ihn bald fest, dass er das Haus seiner Familie wieder aufbauen will. Alleine kann er das nicht bewältigen. Seine Frau ahnt bereits nach dem ersten Besuch, dass auch Bonn nur eine Zwischenstation ist und sie wieder die Umzugskartons bestellen wird. Sie muss nicht überzeugt werden.

Elke von Stünzner-Karbe ist eine freundlich-liebenswürdige Frau, die einen gelassenen Pragmatismus ausstrahlt, der vielen Soldaten-Frauen eigen ist. Wissend um die Unabänderlichkeit von Entscheidungen hat sie gelernt, immer das Beste aus jeder Situation zu achen. Über Gefühle sprechen die Stünzner-Männer wenig. Und so zögert Elke kurz und sagt dann: „Immer habe ich erlebt, dass die Stünzners Heimweh hatten." Erst bei dem Besuch in Sieversdorf kann sie verstehen, wonach. Es ist die Ursehnsucht aller Vertriebenen nach ihrer Heimat. Sie selbst ist in Sachsen-Anhalt geboren. Ihre Familie lebte in der Nähe von Leipzig und musste wie die Stünzners auch, nach Enteignung und Ausweisung die Heimat verlassen. Im brandenburgischen Sieversdorf findet Elke etwas von dem wieder, was auch sie in ihren Kindheitserinnerungen gespeichert hat.

Der Sohn Karl-Jürn besucht noch im Dezember '89 Sieversdorf. Er leistet gerade seinen Dienst bei der Bundeswehr und der spontane Ausflug in die DDR wird nur mit viel Glück nicht als „unerlaubtes Entfer-

Ab Februar 1990 wird auf den Montagsdemonstrationen „sofort" die deutsche Einheit gefordert. Weder die Bürgerrechtler noch die Modrow-Regierung wollen den schnellen Zusammenschluss mit der Bundesrepublik. Doch der Druck von unten wächst. Im März treffen sich in Bonn Vertreter beider deutscher Staaten und der vier Siegermächte des Zweiten Weltkrieges zu den „Zwei-plus-Vier-Gesprächen" und verhandeln über die deutsche Einheit. Am 18. März finden

nen von der Truppe" geahndet. Doch diese erste Begegnung mit der Vergangenheit seiner Familie hat Folgen. Der Ort, der bis dahin nur in den Erzählungen des Vaters existierte, ist plötzlich Realität. Und er erlebt einen Vater, der Gefühle zeigt, so dass der Sohn ahnt, was Heimat bedeuten kann.

die ersten demokratischen Wahlen in der DDR statt, die Konservativen erhalten die meisten Stimmen. Der CDU-Vorsitzende Lothar de Maizière wird mit der Regierungsbildung beauftragt, die aus einer großen Koalition bestehen wird. Diese Koalition beschließt im April den „zügigen und verantwortungsvollen" Beitritt der DDR zur Bundesrepublik gemäß Artikel 23 des Grundgesetzes.

Als zu Silvester die Menschen in Ost und West auf das neue Jahr anstoßen und noch immer staunend an den erst sieben Wochen zurückliegenden Fall der Mauer denken, hoffen viele auf eine schnelle Überwindung der Teilung Deutschlands. Nur ein viertel Jahr zuvor hätte jeder diese Gedanken als reine Fantasie abgetan.

Die Verhandlungen über den Einigungsvertrag beginnen. Im Juni wird die „Regelung offener Vermögensfragen" in einer gemeinsamen Erklärung beider Regierungen bekannt gegeben. Danach sind Enteignungen auf dem Gebiet der SBZ zwischen 1945 und

1949 nicht mehr rückgängig zu machen. Im Juli wird die D-Mark als einziges Zahlungsmittel eingeführt und konstituiert sich die Treuhandanstalt, die für die Abwicklung von 15.000 Betrieben mit rund vier Millionen Mitarbeitern zuständig sein wird.

Ein ganzes Land ist im Aufbruch und muss Aufgaben bewältigen, für die es keine Erfahrungen gibt. Das Tempo ist atemberaubend. Bundeskanzler Kohl, so scheint es, treibt zur Eile und schafft Fakten, bevor Bedenkenträger zu viel Gehör finden und die deutsche Einheit womöglich nicht zustande kommt. Doch nicht nur Betriebe müssen privatisiert werden; die Verwaltung muss umstrukturiert und dem bundesdeutschen Recht angepasst werden, so wie auch das Bildungssystem, die Polizei und Justiz.

Was mit der Nationalen Volksarmee geschehen soll, ist Aufgabe von Rainer Eppelmann, Pfarrer, Bürgerrechtler und ehemaliger Wehrdienstverweigerer. Er wird im Kabinett de Maizière Minister für Abrüstung und Verteidigung und ist damit fünf Monate oberster Dienstherr für rund 160.000 Offiziere, Unteroffiziere und Soldaten. Die Stimmung in der Truppe ist schlecht, es herrschen Verunsicherung und Angst vor einer ungewissen Zukunft. Mit dem Mauerfall hat ein schleichender Auflösungsprozess begonnen. Bundeswehrführung und Verteidigungsministerium stimmen überein, dass im Falle einer Wiedervereinigung die NVA aufgelöst und das gesamte Territorium Deutschlands dann NATO-Gebiet werden soll. Gorbatschow stimmt zu. Eppelmann kann in Gesprächen

mit Verteidigungsminister Stoltenberg lediglich sozialverträgliche Abwicklungen für die noch verbliebenen 103.000 NVA-Angehörigen aushandeln und die Zusage, dass 20.000 von ihnen nach einer Probezeit in die Bundeswehr übernommen werden sollen.

Mit dem Tag der Deutschen Einheit wird die NVA aufhören zu existieren. Die Bundeswehr ist dann nicht nur für die Angehörigen einer ehemaligen Armee zuständig, sondern übernimmt zugleich auch ein gewaltiges Arsenal an Panzern, Artilleriegeschützen, Kampfflugzeugen, Kriegsschiffen und drei Millionen Tonnen Munition. Nur ein geringer Teil wird in den kommenden Monaten in die Bestände der Bundeswehr überführt. Einiges wird verkauft, was – wie sich später herausstellt – nicht immer legal passiert; das meiste aber wird demontiert, vernichtet und entsorgt, was in den nächsten Jahren viele Millionen D-Mark kosten wird.

Für die Abwicklung dieser Aufgaben wird das Bundeswehrkommando Ost gebildet, Befehlshaber ist Generalleutnant Jörg Schönbohm, der am 4. Oktober in seiner Antrittsrede sagen wird: „Wir kommen nicht als Sieger zu Besiegten, sondern als Deutsche zu Deutschen.“

In diesen Zeiten bittet Oberstleutnant von Stünzner-Karbe um seine Versetzung – in den Osten. Er will dabei sein, vor Ort und mittendrin, in dem gewaltigen Prozess zwischen Ende und Anfang. Hier sieht er seine Chance, sich einzubringen. Es ist nicht üblich, selbst

tioniert. Auch wenn der Ort gut von der Armee lebte, kam es regelmäßig zu Auseinandersetzungen zwischen einheimischen Jugendlichen und Soldaten, die sich beim Ausgang um die wenigen Mädchen prügelten.

Oberstleutnant von Stünzner-Karbe tritt seinen Dienst am 3. Oktober 1990 an und übernimmt als Kommandeur das motorisierte Schützenregiment. Zu dem Zeitpunkt leisten in Eggesin rund 4.000 Soldaten und Offiziere in vier Regimentern, sechs Bataillonen, einem Ausbildungszentrum und dem Heermusikkorps ihren Dienst. Alle Einheiten sollen innerhalb der nächsten sieben Monate abgewickelt oder zum Teil in die Bundeswehr überführt werden. Am Tag der Deutschen Einheit hat die Nationale Volksarmee ausgedient und für Stünzner-Karbe wird der Aufbau-Ost zunächst zu einem Abbau der NVA. Im DDR-Sprachgebrauch war er bis dahin der „Klassenfeind". Beide Seiten begegnen sich zwar mit Höflichkeit, dennoch sind Resignation und Misstrauen von östlicher Seite deutlich zu spüren. Viele Offiziere der ehemaligen NVA fühlen sich als Verlierer und von der Politik im Stich gelassen. Die Generale kommen ihrer Entlassung zuvor und quittieren den

um Versetzung zu bitten, dennoch wird seinem Wunsch entsprochen und er erhält kurze Zeit später die Abkommandierung nach Eggesin.

Eggesin liegt in Mecklenburg, nahe an der polnischen Grenze am Stettiner Haff. In den 1950-er Jahren wurde es zum größten NVA-Standort ausgebaut. Für die DDR-Wehrpflichtigen, die dort ihren Dienst leisten mussten, bedeutete Eggesin das Ende der Welt, das bei den Soldaten die passende Beschreibung erhielt: „Waldmeer, Sandmeer, nichts mehr...". Die Abgeschiedenheit belastete zusätzlich den eher ungeliebten „Ehrendienst bei der Nationalen Volksarmee". Zuletzt war hier die 9. Panzerdivision mit bis zu 8.700 Soldaten sta-

Dienst noch vor dem Tag der Deutschen Einheit. Auch für alle Offiziere, die älter als 55 sind, ist das Ende ihrer Dienstzeit gekommen.

Optisch bieten Bundeswehr und ehemalige NVA am 4. Oktober ein einheitliches Bild. Buchstäblich über Nacht sind die sichtbaren Unterschiede verschwunden, weil die NVA-Uniformen gegen NATO-Feldanzüge ausgetauscht worden sind. Eine organisatorische Meisterleistung, die das Vorkommando in nur wenigen Wochen vollbracht hat. Die Beseitigung der anderen Unterschiede aber wird lange dauern, das merkt auch Stünzner schnell. Der Befehlston in der NVA war härter, der Umgang der Offiziere mit den Soldaten straff hierarchisch. Entsetzt ist er über die Unterbringung der Soldaten. Schlafsäle für zwanzig Personen sind die Regel, Gemeinschaftsräume nur mit dem Notwendigsten ausgestattet, Küche und Sanitäranlagen in desolatem Zustand. Einzig die teure kriegstechnische Ausstattung ist neu und gut gewartet.

Ende April 1991 hat Stünzner-Karbe seinen Auftrag erfüllt. Er geht nach Köln und wird für zwei Jahre in Hammelburg Leiter des Spezialstabes zur Weiterentwicklung der Infanterie. Erste „Erfahrungen Ost" hat er gemacht, jetzt muss entschieden werden, ob Sieversdorf neue alte Heimat für die Stünzners werden soll.

Anders als der Vater wird Karl-Jürn von Stünzner-Karbe keine militärische Laufbahn einschlagen. Er will Arzt werden und beginnt nach seinem Militärdienst als Reserveoffizier 1991 an der Freien Universität Berlin mit dem Medizinstudium. Von dort aus besucht er häufig Sieversdorf und trifft den Arzt der Gemeinde, der in zwei Räumen des ehemaligen Herrenhauses eine Praxis unterhält. Die Gespräche mit ihm werden zur beruflichen Weichenstellung. Der alte Landarzt und der junge Student unterhalten sich viel und freunden sich sogar an. Schließlich bestimmt der Landarzt Karl-Jürn zu seinem Nachfolger und zeigt damit Menschenkenntnis und ein gutes Gespür für die richtige Entscheidung. Doch bevor der künftige Landarzt seine ersten Patienten behandeln darf, muss er nicht nur sein Studium abschließen und seine Facharzt-Ausbildung absolvieren, sondern echte Aufbauarbeit leisten. Freundin Julia, die Vergleichende Literaturwissenschaft studiert, ist frühzeitig dabei und hilft auf der Baustelle. So weiß sie von Anfang an, was auf sie zukommt. Julia von Schweinitz stammt ebenfalls aus einer Familie, deren Vorfahren durch preußische Disziplin, Vaterlandsliebe und Verantwortung geprägt wurden.

Sieversdorf wird zur großen Herausforderung für das junge Paar. Auch von ihrer Entscheidung hängt ab, was mit dem Herrenhaus zukünftig geschehen soll. 1992 kauft Karl-Christoph sein Elternhaus und Teile des ehemaligen Gutsparkes zurück. Er bezahlt dafür stolze 100.000 D-Mark. Ein Vielfaches des Kaufpreises muss in den folgenden Jahren für die denkmalgerechte Wiederherstellung und Renovierung des Anwesens aufgebracht werden. Die Bauarbeiten werden auch zu einer Reise in die Vergangenheit. Elke von Stünzner-Karbe ist noch immer bewegt, wenn sie von einem ganz beson-

gewiss zurückbringen oder eine entsprechende Summe zahlen wird. Wer der Verfasser dieses ungewöhnlichen Schuldscheines ist, lässt sich nicht mehr rekonstruieren. Zu vermuten ist, dass es einer der Flüchtlinge war, der nach dem Krieg im Herrenhaus eine erste Bleibe fand, bevor er weiter nach Westen zog.

Auch beruflich wechselt Karl-Christoph von Stünzner Karbe noch einmal in den Osten. Ab 1993 wird er für fünf Jahre Kommandeur im Verteidigungsbezirk 85 mit Sitz in Frankfurt (Oder). Seine erste Aufgabe besteht darin, den Abzug der Westgruppe der sowjetischen Streitkräfte zu unterstützen. Auch wenn er inzwischen eine gewisse Übung darin hat, Armeen abzuwickeln, ist diese Aufgabe von einer Dimension, die die Grenzen des Vorstellbaren erreicht. Die Konversion der sowjetischen Streitkräfte bedeutet nicht nur, rund einer halben Million Soldaten, deren Angehörigen und Zivilangestellten eine geregelte Rückkehr in ihre Heimat zu ermöglichen, sondern auch die Hinterlassenschaft von 50 Jahren Stationierung in Deutschland zu bewältigen. Er steht in ständigem Kontakt mit der sowjetischen Militärführung im östlichen Brandenburg und hilft, dass die Streitkräfte „geordnet und in Würde" abziehen können und ist dabei, als die letzten Einheiten 1994 verabschiedet werden.

Ein Jahr vor dem Abzug der Russen kehrt Stünzner-Karbe an den Ort seiner Kindheit zurück. Im Soldaten-Jargon ausgedrückt, bildet er das Vorauskommando für die Familie und wohnt zunächst allein in dem Haus sei-

deren Fundstück spricht, das bei der Erneuerung der Fenster zum Vorschein kam. Auf einem kleinen, handgeschriebenen Zettel ist sorgfältig vermerkt, dass sich der Schreiber dieser Nachricht 1945 einen Anzug „wegen der großen Kälte geliehen hat", ihn aber später

ner Eltern, das nun wieder ihm gehört und in dem er die ersten drei Zimmer in einen bewohnbaren Zustand versetzt. Nach einem halben Jahr folgt ihm seine Frau und absolviert damit ihren 14. und letzten Umzug.

Der größte Kampf, den Oberstleutnant von Stünzner-Karbe in seiner Militärlaufbahn zu führen hat, beginnt im Juli 1997, als bedrohlich-hohe Pegelstände bei der Oder gemessen werden. Die zivilen Helfer werden bald von Bundeswehr-Soldaten unterstützt. Als es gelingt, fast überall die Deiche zu halten und eine größere Katastrophe zu vermeiden, ist die Region bundesweit bekannt und die Helfer werden zu Helden. Unter dem Oberkommando von Hans Peter von Kirchbach sind zeitweise 33.000 Soldaten im Einsatz, bis im August Entwarnung gegeben werden kann.

1994 feiert die Familie zum ersten Mal gemeinsam in Sieversdorf Weihnachten. Und auch wenn der Bau noch nicht fertig gestellt ist, wird dieses Fest ein besonderes, markiert es doch Rückkehr und Neuanfang einer Familie, die seit 1770 hier zu Hause war. Ein kleines Weihnachtswunder gibt es auch: Zwei Engel aus Wachs hängen wieder am geschmückten Christbaum. Karl-Christoph erinnert sich, dass sie zu einer Engel-Gruppe gehören, die früher den Weihnachtsbaum zierten, den seine Eltern immer im Saal aufgestellt hatten. Eine Bäuerin aus der Nachbarschaft hat sie all die Jahre aufbewahrt und gibt sie jetzt zurück.

Ende Dezember 1997 endet die aktive Laufbahn für Stünzner-Karbe. In der Konzerthalle Frankfurt (Oder) wird er zu den Klängen eines Bundeswehr-Musikkorps

feierlich verabschiedet – und sieben Monate später wieder in die Bundeswehr eingestellt. Eine berufliche Erfahrung hat er bisher noch nicht machen können und will sie nun nachholen. Er meldet sich zu einem UN-Einsatz in den Kaukasus und wird bis Ende 1998 als stellvertretender Chef der Blauhelm-Mission einer von 150 Offizieren aus 22 Nationen. Ganz offen sagt er auch, dass der Sold beim Ausbau des Herrenhauses willkommen war.

Die viele Jahre dauernde Bauzeit wird manchmal zur Belastungsprobe für die größer werdende Familie. Elke von Stünzner-Karbe ist der ruhende Pol, Schwiegertochter Julia beweist sich als nervenstarke Organisatorin und Managerin der Baustelle. Ihr gelingt nicht nur Fördergelder zu akquirieren, sie hält auch ihrem Mann bei seinem beruflichen Einstieg den Rücken frei. Das Mehrgenerationenkonzept gelingt. Einerseits ist genug Platz da, um sich zurückziehen zu können, andererseits genießen vor allem die sechs Enkelkinder die permanente Gegenwart der Großeltern; so wie umgekehrt besonders Großvater Karl-Christoph genießt, für die Enkel mehr Zeit zu haben, als er jemals für seine eigenen Kinder hatte.

Der christliche Glaube gehört ganz selbstverständlich zum Leben der Großfamilie. Von Anfang an arbeitet Elke in der Gemeinde mit, organisiert Konzerte und Feste und ist eine geschickte Spendensammlerin. So können endlich notwendige Reparaturen in der mittelalterlichen Feldsteinkirche durchgeführt und auch das Dach gedeckt werden. Schwiegertochter Julia wird nach Elke zur Kirchenältesten gewählt. Dass sie diese

dieser Region eine Rolle spielt. Das, was sie heute von der Jugendweihe hört, kann sie nicht als wirkliches Äquivalent zur Konfirmation begreifen. Sie versteht, dass ein Ritual, ein Fest und natürlich auch die damit verbundenen Geschenke für 14-jährige von großer Wichtigkeit sind – aber losgelöst vom Glauben? Ohne Wissen um die kulturellen Wurzeln und die christliche Lehre? Julia von Stünzner-Karbe bleibt auch im Unverständnis freundlich und erinnert an die jüngste Geschichte: „Haben nicht Christen ganz wesentlich zur friedlichen Revolution beigetragen? Sie waren es doch, die die Gotteshäuser öffneten und den vielen kritischen Bürgern einen Versammlungsort gaben." Von einem Pfarrer hörte sie, dass in der DDR ein „Gewohnheitsatheismus" herrschte und ist noch immer überzeugt, dass vor 20 Jahren eine große Chance vertan wurde. Sie findet, „dass gleich nach der Wende die Kirche eine stärkere Rolle bei den Menschen hätte spielen müssen. Viele Pfarrer gingen in die Politik, wurden Minister und sogar Ministerpräsidenten – doch warum wandten die Bürger der Kirche wieder den Rücken?"

Ihr Schwiegervater ist ihr an Lebenserfahrung und Alter voraus und kann deshalb eher verstehen, dass mehr als vierzig Jahre gelebte Konfessionslosigkeit und eine ideologisch verordnete Abgrenzung zur Kirche nach zwei Jahrzehnten kaum überwunden sein kann.

Mit der Uniform hat Karl-Christoph von Stünzner-Karbe auch den militärisch-knappen Umgangston abgelegt. Aus dem früheren Oberst ist ein eloquenter

weitere Aufgabe übernommen hat, kommentiert sie knapp und lakonisch: „Es fand sich kein anderer, also habe ich es gemacht."

Noch immer kann sie sich nicht daran gewöhnen, wie wenig der christliche Glaube für die Menschen in

und kompetenter Heimatkundler geworden, der nicht nur genau über die Familiengeschichte zu berichten weiß, sondern ebenso über die historischen Ereignisse in dieser Region. Als auskunftsfreudiger Reiseführer fährt er mit Gästen auch über die Grenze nach Polen, damit die historische Bedeutung der Neumark nicht in Vergessenheit gerät. „Wir müssen wissen, wo wir herkommen, um unsere Geschichte zu verstehen."

Noch einmal lässt er sich in die Pflicht nehmen und arbeitet sieben Jahre ehrenamtlich für den Volksbund Kriegsgräberfürsorge. Mehr als 800 Soldatenfriedhöfe gibt es in Europa und so reist Stünzner-Karbe – nun in Zivil – nach Frankreich, in die Niederlande oder nach Finnland, organisiert und begleitet die Pflege. Zuvor hat er sich zusammen mit dem Pfarrer auch auf dem kleinen Sieversdorfer Friedhof um das Gedenken der Toten des Zweiten Weltkrieges gekümmert. Neben dem Efeu bewachsenen Stein, der die Namen der gefallenen Männer des Ersten Weltkrieges trägt, steht jetzt ein Findling mit der schlichten Aufschrift: Den Opfern 1939-1945.

Für die Baugeschichte des familiären Anwesens kann er sich immer wieder neu begeistern und weist Besucher auf kleinste Details hin. Die herrliche Stuckdecke im Festsaal gehört dazu. Stünzner-Karbe vermutet, dass hier italienische Stuckateure der Familie Simonelli den Decken-Schmuck fertigten, als sie um 1690 in Berlin und Frankfurt (Oder) an Großaufträgen arbeiteten. Der Auftraggeber in Sieversdorf hat sich

die Nebentätigkeit der Fachleute aus Italien einiges kosten lassen – das Ergebnis ist heute wieder restauriert und komplett zu bestaunen, wenn zu Konzerten und Lesungen eingeladen wird. Das Halbmondfenster, das im 18. Jahrhundert gerade in Mode war, ist eine architektonische Besonderheit und in preußischen Herrenhäusern eher selten zu finden. Wer einmal in einem Barockhaus übernachten möchte, findet seit 2009 in vier Doppelzimmern und zwei Suiten eine stilvoll-noble Unterkunft. Julia von Stünzner-Karbe hatte die Idee dazu und bekam einen Teil der notwendigen finanziellen Unterstützung aus dem Leader-Plus-Programm der EU, einem Fördertopf, der speziell zur Entwicklung im ländlichen Raum bereitgestellt wurde. Inzwischen wird das Bed & Breakfast-Angebot in Schloss Sieversdorf gerne gebucht.

Trotz Ruhestand sind die Tage von Stünzner-Karbe gut ausgefüllt. Sein Hobby ist die Jagd. Er und sein Sohn haben 1.200 Hektar von der Genossenschaft gepachtet und pflegen den Wildbestand. Eine Karte im kleinen Büro sorgt für den Überblick, der Kalender für die reibungslose Terminvergabe. Siebzig Hochsitze gibt es Im Revier. Stünzner kennt sie natürlich alle und weiß genau, wo sie stehen. „Neulich", erzählt er und lacht dabei, „habe ich unter mir eine ganze Rotte Wildschweine gehabt. Ich habe angelegt und trotz dieser lächerlichen Entfernung nicht getroffen. Das kann passieren!" Mit kleinen Niederlagen kann er gut umgehen, große hat er nicht erlebt. Das ist

Der älteste Enkel Friedrich ist jetzt 16 Jahre alt geworden und hat gerade seinen Jagdschein gemacht. Und so wird er in wenigen Tagen zum ersten Mal dabei sein, wenn es heißt: „Am 1. Mai geht die Bockjagd auf, denn nach dem Winter ist das Gehörn der Böcke in voller Pracht."

nicht allein mit Glück zu erklären, denn er plant genau, kalkuliert das Risiko und geht dann an die Umsetzung. Was ganz einfach klingt, ist aber nur zusammen mit seiner Frau zu erreichen. Sie ist ruhiger Kraftquell im Hintergrund.

Der Spreewald

Guido und Beatrix Graf und Gräfin zu Lynar
Rochus und Anke Graf und Gräfin zu Lynar
und die Kinder Caspar und Livia

Der lange Weg nach Hause

Rochus Graf zu Lynar hält den Kopf leicht gesenkt und betrachtet den gepflasterten Vorplatz. Ernst und würdevoll, die Hände übereinander gelegt, empfängt er als erster die Gäste von Schloss Lynar. Seine Kleidung entspricht ganz der Mode des 16. Jahrhunderts: Er trägt ein Hemd mit Halskrause, darüber eine Prunkrüstung mit reich verzierten Armschienen und schließlich einen weiten Umhang mit großem aufgestellten Kragen. Zeitgemäß sind sein Kurzhaarschnitt und der spanische Bart.

Zweifellos ist er als Bronze-Büste eine imposante Erscheinung. So hat ihn jedenfalls der Bildhauer Martin Wolff dargestellt, als er für die Berliner Siegesallee mit dem Standbild des Kurfürsten Johann Georg von Brandenburg beauftragt wurde. In der 1901 eingeweihten Figurengruppe aus Marmor bekam Rochus Guerrini Graf zu Lynar einen ehrenvollen Platz neben

seinem Fürsten, weil er sich große Verdienste als Festungsbauer erworben hatte. Papierrolle und Zirkel, die Insignien seines Berufsstandes, hält er in der rechten Hand. Der Ahnherr der Lynars wurde 1525 in der Toscana geboren, diente lange Zeit im französischen Heer, erwarb Ingenieurskenntnisse und avancierte zum Generalkommissar aller französischen Festungen. Nach den Hugenottenkriegen ging er zunächst nach Heidelberg, später dann an den Kurfürstlichen Hof in Sachsen. Dort machte er sich als Erbauer von Festungsanlagen einen Namen. Ab 1578 diente er dem brandenburgischen Kurfürsten Johann Georg, der ihn als General und obersten Artillerie-, Munitions-, Zeug- und Baumeister schätzte und fürstlich entlohnte. Lynar baute nicht nur am Berliner Stadtschloss mit und vollendete die Zitadelle Spandau, sondern plante und erbaute auch die Festungen in Peitz und Küstrin.

Die Plastik, eine Kopie des Originals und Geschenk des Kaisers, steht auf dem Vorplatz neben der Einfahrt zu Schloss Lübbenau, das heute wieder Eigentum der Familie zu Lynar ist und als Hotel geführt wird. Hier empfängt ein weiterer Rochus Graf zu Lynar Besucher und Gäste. Er ist der sehr lebendige Geschäftsführer der Hotelbetriebsgesellschaft Schloss Lübbenau, 40 Jahre alt und ähnelt äußerlich kaum seinem Ahnherrn, der in Wirklichkeit wohl eher schmal und langnasig war und nach einer Kriegsverletzung sein linkes Auge verloren hatte. Gemeinsamkeiten finden sich eher in dem ausgeprägten Unruhe-Gen, das den einen weit durch Europa, den anderen bis nach Amerika führte,

tauriert. Was sich wie selbstverständlich zeigt, war nur mit großem Durchhaltevermögen, starken Nerven und hohem finanziellem Einsatz zu erreichen. Darüber soll bei dem Treffen gesprochen werden und auch, wie sich die Lebenslinien der Lynars wieder mit Lübbenau verbunden haben.

Anke Gräfin zu Lynar, Rochus' Frau, ist zu verdanken, dass an diesem Juni-Sommertag ein kleines Familientreffen zustande kommt. Sowohl die Schwiegereltern, Graf Guido und seine Frau Beatrix als auch Schwager Frederico und dessen Frau Nicole Franziska haben sich zu der Runde gesellt. Der Raum, in dem das Gespräch stattfindet, leuchtet in kräftigem Rot und sanftem Grün. Wo bequeme Polstergruppen zum Verweilen einladen und bodenlange Vorhänge mit Paradiesvögeln einen Hauch Exotik verbreiten, befand sich zu DDR-Zeiten das extra angebaute Heizhaus. Heute ist die Heizung im Keller untergebracht und der große Raum zur erweiterten Hotel-Lobby mit Bar und Hintergrundmusik geworden – eine Wandlung, die fast symbolisch zu nennen ist und für die vielen Veränderungen stehen kann, die der Besitzerwechsel mit sich brachte.

bevor sie sich in diesem Landstrich niederließen. Der Werdegang und berufliche Erfolg des Altvorderen könnte aus heutiger Sicht als gutes Beispiel für eine gelungene Integration bezeichnet werden. Inwieweit das auch dem jungen Rochus bisher gelungen ist, vermag der noch nicht abschließend zu sagen.

Dass die Familie Lynar wieder auf dem Stammsitz ihrer Vorfahren lebt und damit eine Tradition fortführt, die 1621 mit dem Kauf der Besitztümer in Lübbenau begonnen hat, war vor 23 Jahren noch unvorstellbar. Heute erstrahlt das Schloss in neuer Schönheit. Auch fast alle anderen Gebäude im Schlossbezirk sind mustergültig instand gesetzt und denkmalgerecht res-

Guido Graf zu Lynar, fast 80 Jahre alt und noch immer kein wirklicher Ruheständler, erinnert sich genau, wie er in Portugal aus Deutschland angerufen wurde und erfuhr, dass die Mauer gefallen sei. Er und seine Familie lebten seit mehr als 30 Jahren im Ausland, die Nachricht traf alle völlig unvorbereitet und löste ganz unterschiedliche Erwartungen und Überlegungen aus. Graf Guido, ein mittelgroßer, schlanker Mann mit tiefdunklen Augen und immer noch fast dunklen Haaren, erzählt langsam und genau, wie dieser Anruf nicht nur sein Leben, sondern auch das seiner Söhne veränderte. Er selbst war damals noch ein Jahr als Manager eines Chemie-Konzerns in Lissabon unter Vertrag, danach wollte er sich pensionieren lassen. Doch aus dem geplanten Ruhestand wurde ein Neuanfang.

„Nie", erzählt Guido weiter, „haben meine Geschwister, meine Mutter oder ich daran geglaubt, dass wir eines Tages wieder hierher in den Spreewald zurückkehren würden." Umso mehr wurde über seine Kindheit, das Leben in Lübbenau und Seese und vor allem über das Schicksal des Vaters gesprochen, der zum Umfeld der Hitler-Attentäter vom 20. Juli gehörte und 1944 hingerichtet wurde. Gräfin Beatrix zu Lynar erinnert sich, wie sehr das Andenken an ihren Schwiegervater bewahrt wurde, er gleichsam in der Familie mitlebte und sagt: „Immer wurde viel über ihn erzählt, so dass ich das Gefühl hatte, ihn auch persönlich zu kennen."

Der 1899 geborene Wilhelm Friedrich Rochus Graf zu Lynar, von allen nur Wilfried genannt, war – so ist auf alten Fotografien zu sehen – ein attraktiver Mann. Als Patensohn von Kaiser Wilhelm II. diente er Ende des Ersten Weltkriegs als Fahnenjunker bei den Potsdamer Leibgarde-Husaren. Später machte er eine Ausbildung zum Land- und Forstwirt und übernahm das väterliche Gut. Bei den Lübbenauern war er beliebt, ließ kein Schützenfest aus und ging gerne zur Jagd. 1923 heiratete er Ilse Gräfin Behr-Negendank und trug zur Hochzeit die rot-blaue Uniform der Leibgarde-Husaren samt Degen, Pelzmütze und Reiherfeder. Das Hochzeitsfoto zeigt ihn mit einem freundlichen Siegerlächeln neben seiner Braut. Das Paar bekam sechs Kinder, der zweitjüngste Sohn ist Guido.

Die Auswirkungen der Weltwirtschaftskrise von 1929 bekamen auch die Landadeligen zu spüren. Wilfried Graf zu Lynar musste sparen. Die Unterhaltskosten für Schloss und Park Lübbenau waren enorm, so dass die Familie 1930 nach Seese umzog. Auch hier besaßen die Lynars ein Schloss, in dem sie bis dahin die Sommer verbracht hatten. Es wurde zum Hauptwohnsitz und Guido erinnert sich an eine sehr glückliche Kindheit.

Schloss Lübbenau wurde zum Museum und neunzehn Räume öffentlich zugänglich gemacht, um Bilder, Möbel, Waffen und andere Kunstgegenstände aus der Sammlung der Familie zu präsentieren. Wilhelm, ein Vetter Wilfrieds, avancierte zum Museumsleiter und wohnte zusammen mit seiner Familie und dem Verwalter im wenige Schritte entfernten Marstall.

Während des Zweiten Weltkriegs war Wilfried Graf zu Lynar der zuständige Stabsoffizier für Personal-

Attentat und begaben sich zurück nach Seese, wo beide am nächsten Tag verhaftet wurden. Der Anklage vor dem Volksgerichtshof und den demütigenden Verbalattacken des obersten Nazi-Richters Roland Freisler folgte die – vorab festgelegte – Todesstrafe. Erwin von Witzleben wurde noch am Tag der Urteilsverkündung am 8. August 1944 hingerichtet, Wilfried Graf zu Lynar am 29. September in Berlin-Plötzensee.

Die Witwe bekam mit den jüngeren Kindern nur noch ein eingeschränktes Wohnrecht auf Schloss Seese, der Familienbesitz wurde 1944 enteignet. Nach Kriegsende hoffte Gräfin zu Lynar, ihr Eigentum zurückzubekommen. Doch wurde sie im Zuge der Bodenreform ein zweites Mal enteignet, rund zwei Drittel ging an landarme Bauern und Neusiedler, der Rest und große Teile des Forstes in Volkseigentum über. Zunächst durfte die Gräfin weiterhin in Schloss Seese wohnen. 1953 aber wurde sie aufgefordert, Seese ganz zu verlassen. Drei ihrer Kinder lebten bis 1949 noch bei ihr, waren dann aber nach Westdeutschland gezogen, um mit Unterstützung des Hilfswerks 20. Juli 1944 eine Ausbildung zu machen. Als Ilse Gräfin zu Lynar in die

wesen beim Generalkommando in Berlin und wurde später Adjutant des Generalfeldmarschalls Erwin von Witzleben, der schon vor dem Krieg an Verschwörungsplänen gegen Hitler beteiligt gewesen war, die aber alle erfolglos blieben. Witzleben war in die Pläne der Widerstandsgruppe um Stauffenberg einbezogen und sollte nach einem geglückten Hitler-Attentat den Oberbefehl über die Wehrmacht übernehmen. Lynar, in dessen Schloss Seese Witzleben zeitweise wohnte, war in die Umsturzpläne eingeweiht.

Am 20. Juli 1944 fuhren Witzleben und Lynar zum Oberkommando des Heeres in die Bendlerstraße nach Berlin. Erst dort erfuhren sie vom gescheiterten

Nähe der polnischen Grenze zwangsumgesiedelt werden sollte, entschloss sie sich, nach West-Berlin zu gehen. Nur wenig konnte sie mitnehmen; wichtig allein war das Messtischblatt, dessen Besitz sich Jahrzehnte später als Glücksfall erweisen sollte.

Schloss Lübbenau, in dem ab 1943 ein Referat des Reichsluftfahrtministeriums untergebracht war und das ab 1944 als Lazarett genutzt wurde, überstand den Krieg fast unbeschadet. Die Sammlungen des Schlossmuseums wurden zu großen Teilen gerettet und in der benachbarten Kanzlei untergebracht. 1745-48 erbaut, überdauerte die Kanzlei die Zeiten und wurde von 1951-1995 unter dem neuen Namen „Spreewald-Museum" betrieben. Das Schloss wurde nach dem Krieg zunächst ein Behelfskrankenhaus, dann Kinderheim und später ein Heim für Mütter und Kinder. Ab Mitte der 1960-er Jahren stand es leer und verfiel, 1970 sollte es gesprengt werden. Denkmalpfleger und empörte Lübbenauer Bürger verhinderten dies. Doch viele andere historische Gebäude im vormaligen Schlossbezirk wurden entweder abgerissen oder mit zerstörerischem Einfallsreichtum umgebaut und zugebaut. Auch der neun Hektar große Park wurde in seiner Struktur verändert, parzelliert und zum Teil bebaut.

Politisches Ziel in der DDR war, nach der Vertreibung der großgrundbesitzenden Junker auch deren Spuren zu vernichten. Nichts sollte mehr an sie erinnern. Selbst das Erbbegräbnis der Lynars wurde ein-geebnet, die in Kreuzform gepflanzten Eichen gefällt und die Grabplatten als Baumaterial freigegeben.

Für das gerettete Schloss konnte in den 1970-er Jahren der Rechenbetrieb Binnenhandel interessiert werden. Nur langsam begann in der DDR nach dem Machtantritt Erich Honeckers eine Zeit des Umdenkens und der vorsichtigen Akzeptanz der kulturellen Wurzeln. Zehn Jahre später war dieses neu entdeckte Bewusstsein für Geschichte und Architektur oft die letzte Chance für alte Gebäude, bevor sie gänzlich verfallen waren. Schloss Lübbenau wurde acht Jahre rekonstruiert und von 1978 bis 1990 als Schulungszentrum des Rechenbetriebs genutzt.

Der erste, der nach dem Mauerfall Lübbenau besuchte, war der jüngere Bruder von Guido, Christian Graf zu Lynar. Er war es auch, der 1990 die Rückübertragung mit Hilfe eines Anwaltes in die Wege leitete und so die Weichen für die Rückkehr der Familie Lynar in den Spreewald stellte. Die im Einigungsvertrag festgelegte Regelung, den am Widerstand gegen Hitler beteiligten Familien ihr Eigentum zurückzugeben, bedeutete, dass den Lynars neben den Immobilien rund 7.000 Hektar Land zustanden. Der Rückübertragungsanspruch konnte, auch dank des Messtischblattes, das sich noch immer im Besitz der Familie befand, genau definiert werden. Die Ausnahmen bildeten Bodenreformland und Land, das inzwischen öffentlich bebaut worden war. Dafür ist nach Abschluss des Restitutionsverfahrens eine Entschädigung vorgesehen.

dem wichtigsten Energierohstoff der DDR. Nicht nur viele Hektar Ackerland waren verschwunden, auch Schloss Seese existierte nicht mehr. Der pittoreske Bau mit Türmchen und Zinnen, neogotischen Giebeln und Erkern im Renaissance-Stil musste wie das gesamte Dorf der Braunkohle weichen. 1968 wurden die Bewohner umgesiedelt, alle Höfe, das Schloss und auch die Kirche abgerissen. Dann kamen die Großraumbagger. Nur das Holzkreuz, das zum Gedenken an den Grafen zu Lynar im Park von Schloss Seese stand, wurde gerettet und 1983 in der Lübbenauer Kirche wieder aufgestellt.

Nach dem Antrag auf Restitution bleibt der Familie zu Lynar nicht viel Zeit, um zu überlegen und zu planen, was nach der Rückübertragung mit dem neuen alten Eigentum geschehen könnte. Die Treuhand hat schon Käufer für Schloss Lübbenau gefunden und hofft auf Millionen-Einnahmen für den Staat. Aus dem Schloss soll ein Hotel werden, die Planungen für den Umbau hat der künftige Eigentümer bereits in Auftrag gegeben. Der Verkauf kommt dann nur deshalb nicht zustande, weil der Kaufinteressent zurücktritt, als er von dem Restitutionsanspruch erfährt.

Ende November 1991 wird dem Antrag auf Rückübertragung stattgegeben und die Lynars werden wieder Eigentümer von Wald, Wiese, Ackerland und einigen, sehr renovierungsbedürftigen Gebäuden. „Es war auch ein Wettlauf um die Fördertöpfe und die meisten waren zu diesem Zeitpunkt bereits leer", erinnert sich Beatrix, und dass nur bis Ende des Jahres Zeit

Doch hatten sich die Gegebenheiten nach 45 Jahren nicht allein durch die Bewirtschaftung und Besiedlungen auf Bodenreformland oder den Abriss von Gebäuden geändert; die größten Veränderungen in dieser Region entstanden aus dem Abbau der Braunkohle,

blieb, um einen zinsgünstigen Kredit zu bekommen. Praktisch über Nacht fällt die Entscheidung, ins Hotelfach zu wechseln – ganz ohne Erfahrungen und noch ohne Hotel, dafür voller Enthusiasmus und Tatendrang. Die bereits existierenden Umbaupläne werden genutzt und Guido Graf zu Lynar bezieht als erster ein Zimmer im künftigen Hotel.

Die einzige aus der Familie Lynar, die immer an eine Rückkehr geglaubt hat, ist Gräfin Beatrix, geborene Freiin Droste zu Vischering Padtberg. Sie ist eine Frau, die über die Gabe verfügt, sich auf jede neue Situation schnell einzustellen und das Beste daraus zu machen. Gräfin Anke sagt: „Wenn meine Schwiegermutter etwas vermisst oder nicht bekommt, macht sie einen eigenen Laden auf, um den Mangel zu beseitigen." Auch wenn es mit einem eigenen Laden noch einige Jahre dauern wird, beschreibt der Satz treffend die Macher-Qualitäten von Beatrix.

Sohn Frederico, der 1990 gerade mit seinem Studium an der Bundeswehrakademie in München begonnen hat, fährt oft nach Lübbenau, das für ihn auf besondere Art vertraut ist. Er verbringt viele freie Wochenenden in Brandenburg und hilft seinen Eltern. Rückblickend bezeichnet er diese Zeit als seinen Reifungsprozess. Er entdeckt, dass das Leben und Arbeiten auf dem Land viel mehr seinem Wesen und seinen Neigungen entspricht und entschließt sich 1994, eine neue, komplett andere Ausbildung zu beginnen. Nach dem Abschied von der Bundeswehr studiert er in Weihenstephan Agrarwirtschaft. Dort lernt er Mitstuden-tin Nicole Franziska kennen, die vier Jahre später seine Frau wird. Ganz anders wirkt auf seinen Bruder Rochus das Land seiner Vorfahren. Er spricht von einer Reise in eine völlig fremde Welt, die für ihn „grau, trist und unfreundlich" ist. Geboren in Mozambique und aufgewachsen in Portugal, fehlen ihm hier nicht nur Sonne und südländische Lebensart, sondern vor allem die gewohnte Weltläufigkeit. Sein Entschluss steht schnell fest. Wie geplant, wird er sein Betriebswirtschaftsstudium abschließen und eine Karriere im Ausland anstreben.

Als wichtiges Startkapital bezeichnen die Lynars die geografische Lage. „Schon seit 150 Jahren gibt es Tourismus im Spreewald, das war unser Glück", sagt Beatrix. So, wie sie das sagt, klingt es, als ob der Start gelungen sei und die Entscheidung für das Hotel eine einzige Erfolgsgeschichte. Das Gegenteil ist der Fall. Zu den wirtschaftlichen Problemen kommen die menschlichen. Nicht alle Lübbenauer sind von der Rückkehr der Grafenfamilie angetan. Das Misstrauen ist groß. „Westdeutsch, adelig und dann haben wir auch noch das Schloss zurückbekommen – das hat die Ablehnung sehr verstärkt." Nur eine Minderheit versteht und akzeptiert, dass die früheren Eigentümer ihr Schloss wiederbekommen haben. Es sind meist die alteingesessenen Lübbenauer, die den Lynars mit Freundlichkeit begegnen. Viele der Zugezogenen, die bis zum Ende der DDR in den Tagebauen und Kraftwerken gearbeitet haben, reagieren reserviert bis ablehnend.

für sich und kommende Generationen.

Millionen werden in den Umbau investiert und doch will sich der Erfolg in den ersten zehn Jahren nicht einstellen. Enttäuschte Hoffnungen, Fehlentscheidungen, Rückschläge bleiben der Familie nicht erspart. Rochus sagt heute, dass er Schloss Lübbenau in dieser Zeit nur als Problemfall wahrgenommen hat. „Egal wann ich zu Besuch kam, ich erfuhr immer nur, was nicht klappte, was schief gegangen war oder welcher Hoteldirektor sich wieder als unfähig erwiesen hatte", erinnert er sich. „Und als endlich der Direktor gefunden war, der das Haus auf Erfolgskurs brachte, mussten wir ihn nach zwei Jahren wieder gehen lassen." Der ideale Direktor hatte selbst ein Hotel geerbt und wurde im eigenen Betrieb gebraucht. Wenn es um einen fachlichen Rat geht, steht er den Lynars noch immer zur Seite. Das Wort Begeisterung vermeidet Rochus, wenn er um eine Bilanz der letzten 20 Jahre gebeten wird. Seine Ehrlichkeit spricht für ihn.

Der Anruf des Vaters erreicht ihn im September 2001 in Brasilien. Mit den Worten: „Es ist wieder schief gegangen. Junge, Du wirst hier gebraucht!" lässt sich

Beatrix, die sich als „grenzenlose Optimistin" bezeichnet, lässt sich von Problemen nicht abschrecken. Neben den Arbeiten am Hotel engagiert sie sich in der Kirche und in der Kinder- und Jugendarbeit. 1993 wird der Wohnsitz in Portugal aufgelöst, Möbel und Hausrat in Containern gelagert und für einige Jahre „aus dem Koffer" gelebt. Sie und ihr Mann wohnen übergangsweise in einer Datsche oder in einer Gemeindewohnung des Pfarrers, bauen am Schloss und parallel an ihrem eigenen Haus, bevor sie endlich in Lübbenau sesshaft werden. Heute sagt Guido Graf zu Lynar, dass er den Umbau des Schlosses nicht nur als Neuanfang, sondern als ein Lebenswerk betrachtet, für die Familie,

Rochus von seinem Vater in die Pflicht nehmen und kündigt seinen gut bezahlten Job bei einem großen, weltweit agierenden Landmaschinenunternehmen. Das Hotel schreibt rote Zahlen. Rochus, gerade 29 Jahre alt und diplomierter Betriebswirt, kämpft um das Weiterbestehen des Schlosshotels. Er handelt nach dem Prinzip „ganz oder gar nicht" und wohnt auch in Lübbenau. Doch auf Dauer geht das nicht gut; zu nah, zu eng und kein Moment zum Abschalten. Nach einem Jahr entschließt er sich, in Berlin eine Wohnung zu nehmen und das Hotel nur als seine Arbeitsstelle zu betrachten. So kann er sich mit seiner Aufgabe arrangieren und hat endlich wieder ein Privatleben. Zehn Jahre pendelt er zwischen Berlin und Lübbenau, zehn Jahre, in denen er schafft, was nicht nur sein Vater, sondern die gesamte Familie von ihm erwartet: Er rettet das Hotel und kann alle Arbeitsplätze erhalten.

Dennoch muss er erst den richtigen Zugang zu den Menschen in dieser Region finden. Lange bleibt für ihn Lübbenau eine „ironiefreie Zone", die Mentalität der Menschen rätselhaft und der Umgang miteinander missverständlich und problematisch. Er macht – in umgekehrter Richtung – dieselben Erfahrungen wie tausende Ostdeutsche im Westen. Der legendäre Satz von Willy Brandt „Es wächst zusammen, was zusammen gehört" wird täglich auf eine harte Probe gestellt.

Mit dem wirtschaftlichen Erfolg wächst im Ort auch die Anerkennung, inzwischen sind die Arbeits- und Ausbildungsplätze im Schlosshotel begehrt. 2004 wird die umgebaute und restaurierte Orangerie er-

öffnet, im selben Jahr schreibt das Hotel endlich schwarze Zahlen. Die Außenfassade wird renoviert, ein Wellnessbereich eingebaut und ein Hochzeitszimmer eingerichtet, in dem sich Paare standesamtlich trauen lassen können. Danach dürfen sie auf den einzigen Balkon des Schlosses treten, um huldvoll zu winken und öffentlich zu küssen. 2006 heiratet Rochus seine langjährige Freundin Anke und feiert dies natürlich im familieneigenen Schlosshotel.

Inzwischen ist die Alte Kanzlei von außen renoviert, ein Museum ist geplant. Im Marstall sind Ferienapartments eingerichtet, der Anbau eines dritten Flügels am Schloss wird vorbereitet. Für die Innenausstattung ist Gräfin Beatrix zuständig, die jeden Raum nach einem eigenen Farbkonzept ausstattet. Die Einflüsse ihrer langjährigen Heimat Portugal sind unverkennbar. Neben den Gästezimmern und Apartments tragen auch alle anderen Räume in den Restaurants, die Flure und Treppenhäuser und vor allem der Wellnessbereich ihre gestaltende Handschrift. Die farbenfroh gemusterten Stoffe und Fliesen bezieht sie aus Portugal oder lässt sie nach eigenen Vorstellungen anfertigen. Das kommt so gut an, dass sie inzwischen auch in einem kleinen Laden in Lübbenau ein großes Sortiment davon anbietet und verkauft.

„Die Kraft schöpft man aus der Tradition," sagt Gräfin Beatrix und beantwortet so die Frage, wie sie das Pensum der letzten Jahre bewältigt hat. Was bei anderen pathetisch klingen würde, hört sich bei ihr ganz

Wappens wird zu einem festlichen und sehr emotionalen Ereignis. Im September 2007 stehen sich auf dem Balkon mit Vater und Sohn zwei Generationen gegenüber, die sich gemeinsam an die zurückliegenden fünfzehn Jahre erinnern. Es ist die Rede von Aufbruch und Pflichterfüllung, von Fremdheit, Annäherung und Heimat – vor allem aber von Dankbarkeit und Vertrauen. Seit einem Jahr lebt Rochus mit seiner Familie in Lübbenau, wenige Schritte vom

selbstverständlich an und sie erklärt, dass auch die Altvorderen nicht immer nur goldene Zeiten gehabt hätten, sondern ebenso Höhen und Tiefen, die sie überwinden mussten. „Und wir können das auch!"

Bis 1945 zierte ein großes gusseisernes Familienwappen das Schloss. Wann es abgenommen und wofür es eingeschmolzen wurde, ist nicht bekannt. Doch die Leerstelle soll wieder gefüllt werden und so wird es nach alten Fotografien und Zeichnungen nachgebaut und kehrt – jetzt nicht mehr aus Eisen, dafür aus Gips und in Farbe – an seinen angestammten Platz zurück. Die Enthüllung des von Löwen gehaltenen und mit einer Krone geschmückten, vierteiligen

Schloss entfernt. Er brauchte die Zeit der langen Annäherung und sieht nicht unglücklich aus, wenn er sagt: „Wir sind wegen der Kinder hierher gezogen. Seit ich Vater geworden bin, sehe ich die Welt mit anderen Augen und Lübbenau hat eine neue Lebensqualität bekommen." Ganz langsam ist auch Rochus Graf zu Lynar hier heimisch geworden und findet, dass nicht nur er, sondern sich auch die Menschen verändert haben.

Tagebausee in der Lausitz

Frederico und Nicole Franziska Graf und Gräfin zu Lynar

Der Rote Milan über Dubrau

Verlassene Orte haben eines gemeinsam: Sie machen melancholisch. Dubrau am Rande des Spreewalds in der Niederlausitz ist so ein Ort. Unter Dubrau lagert Braunkohle. So viel, dass die Gewinnung zu DDR-Zeiten rentabel erschien. 1988 wurde das Dorf beräumt, was im Amtsdeutsch die Umsiedlung der Bewohner und den Abriss aller Gebäude bedeutet. In Dubrau betraf das 94 Menschen. Ihnen wurde für ihr Land pro Quadratmeter 19 Pfennig und eine Ersatzwohnung geboten. Von Zwangsumsiedlung war offiziell nicht die Rede.

Als ein Jahr später die Mauer fiel, wurde der Abriss zunächst gestoppt und 1991 ganz eingestellt. Nach der Wiedervereinigung änderten sich auch die Pläne für den Braunkohleabbau. Dubrau war nicht mehr betroffen. Die früheren Bewohner hätten ihr Land wieder zurückkaufen können, jetzt allerdings zum Preis von 10 D-Mark. Nur zwei Familien gingen auf das Angebot ein. Das Dorf Seese, wo die Lynars bis zum Ende des Krieges wohnten und das einst wenige Kilometer entfernt lag, musste der Kohle schon 1968 weichen und ist komplett samt Kirche und Schloss abgebaggert worden.

Einige Monate nach dem Mauerfall reiste der 21-jährige Frederico Graf zu Lynar das erste Mal in das Land seiner Vorväter und machte auch einen Ausflug nach Dubrau. Hier besaß die Familie bis 1944 eines von fünf Gütern. Ausgerechnet das Wohnhaus des früheren Verwalters war vom Abriss verschont geblieben und befand sich, da es bis 1988 durch das Volkseigene Gut genutzt worden war, in einem relativ guten Zustand. Nur ein Ehepaar wohnte noch in Dubrau, es hatte hartnäckig jeder Beräumung und Vertreibung getrotzt.

Noch heute erinnert sich Frederico, wie vertraut ihm alles war, was er bis dahin nur aus den Erzählungen der Eltern oder von Bildern und Fotos kannte. Es fühlte sich gut und richtig an, als er durch das verlassene Dorf ging, das eingerahmt war von Feldern, die er weit überblicken konnte. Er mochte die Landschaft, die so anders aussah als die in Portugal oder Bayern,

ab, reiche seinen Abschied bei der Bundeswehr ein und fing noch einmal von vorne an. Er ging nach Weihenstephan und studierte Agrarwirtschaft. Hier lernte er auch seine spätere Frau Nicole Franziska kennen, eine Studentin für Agrarmarketing und -management, die von Anbeginn wusste, dass es „diesen Mann nur mit Dubrau – oder gar nicht gibt". Dass sie es ernst meinte, zeigte sich, als sie an vielen Wochenenden die 500 Kilometer mit ihm zurücklegte, um am zukünftigen Zuhause in Dubrau zu bauen. Beide entschlossen sich, das Gutshaus und landwirtschaftliche Flächen von der Familie zu pachten und Dubrau zu ihrem künftigen Lebensmittelpunkt zu machen. Die Hochzeit fand dann aber in Schloss Lübbenau statt, dem Stammsitz der Grafen zu Lynar.

Seit mehr als zehn Jahren lebt das Ehepaar jetzt in Dubrau und betreibt ökologische Landwirtschaft. Das alte Gutshaus ist ausgebaut und renoviert und bietet viel Platz für die inzwischen sechsköpfige Familie. Begonnen hat das Paar mit 30 Hektar Land und 50 Kühen, alles mit Krediten finanziert. Die Kühe sind wieder abgeschafft, es hat sich nicht rentiert. Dafür gibt es Hühner, die grüne Eier legen und Wachteln, die gerade keine Eier legen, aber hübsch anzusehen sind. Sie müssen sich derzeit mit drei frisch geschlüpften Hühnerküken das Gehege teilen. Wie auf einem Bauernhof zu erwarten, gibt es auch Katzen und Kaninchen, vier Schafe und vier Ponys, zwei Hunde und sogar Meerschweinchen.

wo er bisher gelebt hatte. Als klar wurde, dass die Restitutionsansprüche der Familie anerkannt werden und die Lynars bei der Rückübertragung auch Ackerland besitzen würden, änderte er radikal seine Lebenspläne. Das Offiziersstudium in München brach er 1993

Inzwischen betreibt Frederico Graf zu Lynar mit einem Mitarbeiter auf rund 600 Hektar ökologischen Landbau. Vor allem Roggen, Sonnenblumen, Hirse und Buchweizen wachsen auf seinen Feldern. Die Öko-Produkte sind gefragt und weil der Betrieb auch Bio-Suisse-zertifiziert ist, gelangt der Roggen von hier über einen Großhändler direkt in die Schweiz zu den dortigen Bäckern. Für Aussaat und Drescharbeiten beauftragt Frederico einen Lohnunternehmer.

Ob eines der Kinder das Gut einmal übernehmen wird, ist völlig offen. Die Eltern sind sich darin einig, keinen Erwartungsdruck auszuüben und wünschen sich, dass ihre Töchter und Söhne später ihren Neigungen folgen. Schon heute aber werden die Tiere ganz allein von den Kindern versorgt. Das war die Bedingung bei der Anschaffung. Alle vier nehmen diese Aufgabe sehr ernst.

Noch immer ist die Rückübertragung nicht abgeschlossen. Das Restitutionsgesetz sieht vor, dass das Eigentum zurückzugeben ist, „wie es steht und liegt". Jedes einzelne Flurstück, egal ob es nur einen Quadratmeter oder über einhundert Hektar groß ist und Wald, Wiese, Acker, See oder Neuland sein kann, wird zunächst geprüft, ob es restitutionsfähig ist oder von der Rückgabe ausgeschlossen wird. Inzwischen bebaute Grundstücke, auf denen zum Beispiel kommunale Wohnsiedlungen errichtet wurden oder öffentliche Straßen, können nicht rückübertragen werden. Manche Flurstücke liegen in ehemaligen Tagebauen oder inzwischen auf dem Grund eines der neuen Seen. Das

macht die Prüfung der Restitution nicht einfacher. Was nicht rückübertragen werden kann, soll entschädigt werden. Diese Entschädigung wird allerdings erst nach Abschluss des Restitutionsverfahrens gewährt. Und das kann noch Jahre dauern.

Die Dubrauer Landstraße ist wenig befahren. Vielleicht wird sich das aber ändern, wenn der Bischdorfer See frei gegeben wird. Entstanden aus dem ehemaligen Tagebau Seese / Ost wird das Restloch seit 2000 geflutet. Die endgültige Größe soll einmal bei 250 Hektar liegen. Doch die ehrgeizigen Pläne sind ins Stocken geraten, die Zugänge zum See gesperrt und Schilder aufgestellt, die vor dem Baden warnen. Der Untergrund ist nicht fest, Abbrüche können lebensgefährlich sein.

Das Dorf wirkt im Sommer auf Besucher wie ein verwunschener Ort, der die Phantasie beflügelt und dazu auffordert, die Leerstellen mit Bildern zu füllen. Noch stehen einige Häuser und gaukeln aus der Ferne Bewohntsein vor. Obstbäume sind zu sehen und blühende Blumen in den ehemaligen Vorgärten. Sie bekunden einen trotzigen Überlebenswillen, obwohl ihnen das Unkraut längst bis zum Halse steht. Ganz so ruhig, wie man sich ein fast verlassenes Dorf vorstellt, ist es dann doch nicht. Das mag vor allem an dem kräftigen Wind liegen, der, wenn er aus Osten kommt, die Geräusche des Kraftwerks aus Vetschau herüberweht. Für kurze Zeit entsteht der Eindruck, dass hier noch überall gewohnt und gearbeitet wird.

immer sehen sie imposant aus, obwohl manchen inzwischen die Dachziegel, Tore und Fenster fehlen. Andere Scheunen, Ställe und Nebengebäude hat er instand gesetzt und zukunftsweisend ihre Dächer mit Photovoltaik-Anlagen ausgestattet, zusammengenommen auf einer Fläche von 2.000 Quadratmetern. Der so erzeugte Strom wird ins öffentliche Energienetz eingespeist.

Direkt an der Abzweigung zum Hof des Gutshauses steht ein Findling, gut zwei Tonnen schwer. Viele dieser gewaltigen Steine, von denen nicht so genau zu sagen ist, ob es sich um Grab- oder Gedenksteine handeln soll, finden sich im südlichen Brandenburg. Sie erinnern an Orte, die der Braunkohle weichen mussten. In Dubrau wurde der Stein 2010 aufgestellt, im Gedenken daran, dass das Dorf 550 Jahre zuvor das erste Mal urkundlich erwähnt wurde.

Wer in Dubrau lebt, ist näher dran am Werden und Vergehen, erlebt den Verfall der Zivilisation und die Kraft der Natur ganz unmittelbar. Manche Häuser sehen aus wie Kunstobjekte: Da haben schnell wachsende Pappeln die Mitte eines Gebäudes erobert und statt eines Daches ragen die Baumkronen in den Himmel. An anderer Stelle erinnern die malerisch verfallenen Reste eines Klinkerbaus an Zeiten, in denen es Mode war, künstliche Ruinen zu errichten.

Frederico sagt, dass er nicht alle Gebäude erhalten kann, auch wenn sie einmal sehr schön waren. Die alten Scheunen und Ställe haben enorme Ausmaße und scheinen wie für die Ewigkeit gebaut. Noch

Die Straße, vor vielen Jahren aus breiten Betonquadern für schwere Landmaschinen gebaut, führt jetzt ins Nirgendwo, hat aber ihren Namen behalten: Wirtschaftsstraße. Hier wohnen die einzigen Nachbarn der Lynars. Ihr Haus ist hell verputzt, der Garten gepflegt und die Hecke akkurat geschnitten. Neue Bewohner werden nicht hinzukommen, denn der Ort steht im „Außenbereich" und darf nicht wieder besiedelt werden. Das klingt beunruhigend. Soll es aber nicht sein, denn Gäste sind herzlich willkommen. Nicole Franziska Gräfin zu Lynar richtete in den Nebengebäuden des Gutshauses Ferienwohnungen ein und hat bereits Stammgäste, die von weither anreisen, um hier Urlaub zu machen. Im ebenfalls neuen Saal mit großen Fenstern und weinroten Wänden wird zu ganz verschiedenen Veranstaltungen eingeladen. Je nach Bedarf ist hier ein Übungsraum für Yoga-Stunden, ein Weihnachtsbasar oder ein festlich geschmückter Vortragssaal, wenn die Gräfin in der kalten Jahreszeit zu Lesungen bittet.

Auch einen Hofladen gibt es, in dem allerdings keine landwirtschaftlichen Produkte mehr verkauft werden, sondern Natur-Kosmetik. Nicole Franziska ist flexibel und steckt voller neuer Ideen. Sie strahlt, wenn sie sagt: „Ich werde mindestens 104 Jahre alt, um das alles tun zu können, was ich noch vorhabe!"

Der Ort, an den sie sich zurückziehen und abschalten kann, liegt hinter dem Gutshaus. Auf dem Weg zu ihrem Lieblingsplatz ragt ein wundersamer Baumstamm in die Höhe, der wie ein Totempfahl geheimnisvolle Linien, Köpfe, Zeichen und Fabelwesen trägt. Aus der Pappel, die gefällt werden musste und dann einige Zeit auf dem Gutshof lag, schuf der in Lübbenau wohnende Künstler Dietrich Lusici die Skulptur mit dem Titel „Duft der Erde".

Noch ein paar Schritte weiter beginnt der Garten: Kartoffeln, Gemüse, Obst und Kräuter, es ist alles vorhanden, um eine Familie gesund zu ernähren. Auch ein kleines Gewächshaus gibt es und natürlich Blumen. Weiter links, neben den rechteckigen Beeten ist ein kreisrundes von Blumenstauden begrenztes Rasenstück. In der Mitte steht ein Apfelbaum, daneben eine Bank und an den Ästen baumelt eine Hängematte. „Hier," erklärt die Gräfin mit geheimnisvollem Lächeln, „tanzen nachts die Elfen." In Dubrau, wo Vergangenheit und Zukunft so spürbar aufeinander treffen, ist auch ein Elfen-Tanzplatz vorstellbar, natürlich nur um Mitternacht und bei Mondlicht.

Zum Abschied kreist an diesem Spätsommertag noch ein Roter Milan über dem Ort – einer der „Roten Adler", der im Brandenburg-Lied über Sumpf und Sand und dunkle Kiefernwälder immer wieder hoch hinauf steigt.

Niederer Fläming

Ferdinand sen. und Angelika von Lochow
Ferdinand jun. und Alexandra von Lochow
und die Kinder Benedikt, Juliane, Christoph und Ferdinand

Du kannst, wenn Du willst!

Der achte Ferdinand ist sieben Jahre alt und ein zarter, schlanker Knabe mit blonden Haaren. Noch weiß er wenig von der langen Ahnenreihe und dem berühmten und erfolgreichen Ur-Ur-Großvater. Im Moment interessiert er sich eher für Fußball, Angeln und Inlineskaten. Letzteres ist nahe liegend, wenn die Eltern ein Skatehotel betreiben.

Sein Großvater Ferdinand von Lochow ist ein charmanter Mann mit viel Temperament. Seit einigen Jahren hat sich der 1940 Geborene angewöhnt, seinem Namen ein „sen." für Senior anzufügen, um Verwechslungen mit seinem ältesten Sohn, dem siebten Ferdinand, zu vermeiden. Ferdinand sen. ist auch ein gefühlvoller Mann. Und so kann es geschehen, dass er sich bei Enttäuschungen gelegentlich sehr emotional ausdrückt. Besonders wenn es um die Treuhand geht und den Umgang mit früheren Eigentümern von Grund und Boden im Osten Deutschlands. Das mag subjektiv berechtigt sein, kann aber objektiv als undiplomatisch ausgelegt werden. Angelika von Lochow, geborene von Boyneburgk, weiß, wann sie sich besser einmischen sollte. Dafür ist ihr Mann ihr sehr dankbar. Er ist sogar davon überzeugt, dass er ohne sie wohl kaum hier leben würde, in Petkus, wo die Familie der von Lochows seit 1816 ansässig war und vor 20 Jahren wieder hingezogen ist.

Stadtmenschen und denen, die mit Landwirtschaft nichts zu tun haben, dürfte der Name Ferdinand von Lochow – er ist der dritte, der in der Familie den Vornamen Ferdinand erhält – nichts sagen. Für Landwirte, die Getreide anbauen, ist er eine Berühmtheit. Der 1849 Geborene muss, wie für den ältesten Sohn damals üblich, zunächst zum Militär. Am deutsch-französischen Krieg 1870/71 nimmt er als Leutnant teil und wird schwer verwundet. Es spricht für seine robuste Natur, dass er sowohl die komplizierten Verletzungen am rechten Oberarm als auch den Streifschuss am Hinterkopf überlebt. Allerdings bereitet ihm die Kopfverwundung zeitlebens Schmerzen, so dass er sich als Schutz vor Wind und Wetter angewöhnt, stets eine Art Tropenhelm zu tragen, eine Sonderanfertigung aus Leinen. Viele Abbildungen zeigen ihn mit dieser für mitteleuropäische Klimaverhältnisse ungewöhnlichen Kopfbedeckung.

Nach dem Studium der Landwirtschaft in Halle wird er mit 27 Jahren Inspektor des Gutes Petkus, einem Betrieb von 450 Hektar Ackerland und 600 Hektar Forst. „Er ist ein typisches Beispiel dafür, dass eine fleißig ver-

steht Lochow unter Druck, die sechs Geschwister auszahlen zu müssen. Das ist nicht leicht bei den mageren brandenburgischen Böden, die nur mäßige Ernten erbringen. Er beginnt mit der Züchtung von neuen Roggenpflanzen und bezieht für das Ausleseverfahren die gesamte Familie mit ein. Zunächst von seinen Nachbarn belächelt, überzeugt er sie bald durch höhere Erträge. Die Nachfrage nach seinem Saatgut steigt und der Petkuser Winterroggen wird sein

brachte Studienzeit den Landwirt der Praxis nicht entfremdet, sondern ihm vielmehr die Handhabe bietet und die Grundlage schafft, selbständig zu beobachten und aus seinen Beobachtungen selbständig Schlüsse zu ziehen." Diese Einschätzung aus einer Festschrift für Ferdinand III. von Lochow ist mehr als einhundert Jahre alt, könnte aber auch heute noch für die Landwirte gelten. Lochow übernimmt zunächst die Zucht von Schafen und Rindern, später auch die Geflügelzucht.

Angestellte und Bauern schätzen Ferdinand von Lochow als strengen, aber gütigen Gutsherren. Nur wenn ihm Verschwendung und Dummheit begegnen, kann er auch jähzornig werden. Nach dem Tod seines Vaters

größter züchterischer Erfolg. Auch beim Hafer und bei den Kartoffeln gelingen ihm Zuchterfolge, ebenso bei Klee, Mais und Lupine. Im Laufe der Jahre befasst er sich auch erfolgreich mit der Rinder- und Schweinezucht.

Vor allem Ausdauer und Beobachtungsgabe zeichnen Ferdinand von Lochow aus. Seine Züchtungen werden prämiert, er wird vielfach geehrt und zu Vorträgen eingeladen. Auch wenn er kein blendender Redner ist, gilt er als gründlicher Denker und Forscher, der stets nach dem Motto lebt „Du kannst, wenn Du willst!" Er arbeitet viel und gerne und denkt nicht an Ruhestand. Mit fast 75 Jahren stirbt er im Kreise seiner großen Familie.

Sohn und Enkel setzen die Arbeit des berühmten Züchters fort und treten ein Erbe an, das sich sehen lassen kann: In den 1930-er Jahren stammen etwa 90 Prozent des Roggens in Deutschland und 50 Prozent weltweit aus dem Saatgut von Petkus.

Knapp zehn Jahre nach Lochows Tod kommen 1933 die Nationalsozialisten an die Macht, Hitler wird Reichskanzler und beginnt sechs Jahre später einen Krieg, der als der Zweite Weltkrieg in die Geschichte eingehen wird. Er fordert über 55 Millionen Opfer, hinterlässt unzählige zerstörte Städte und Dörfer, verwüstete Länder und verändert das politische Europa grundlegend.

Auch das weitere Schicksal der Familie von Lochow wird durch den Zweiten Weltkrieg bestimmt. Ferdinand IV. stirbt in den 1920-er Jahren; seine Witwe versucht, das Gut während des Krieges weiter zu bewirtschaften. Der älteste Sohn, Ferdinand V. fällt 1941 an der Ostfront, zwei seiner Brüder ebenso. Die Mutter verlässt Petkus zusammen mit der Schwiegertochter und dem jüngsten Ferdinand (dem sechsten) am 23. April 1945, am Tag des Einmarschs der Roten Armee. Zuvor haben sie Zuchtmaterial und Gerätschaften nach Niedersachsen gebracht und können deshalb dort, wenn auch unter schwierigen Bedingungen, später einen neuen Betrieb aufbauen.

Der Besitz in Brandenburg wird enteignet und verstaatlicht. Doch weiß die DDR den großen Namen zu schätzen und setzt, nun als VEB Saatzucht Petkus, die Getreidezucht fort. Alle Gebäude, die einst der Familie

gehörten, werden genutzt und entgehen dadurch dem Abriss. Zur Erinnerung an den Züchter wird 1981 sogar eine Straße nach Ferdinand von Lochow benannt und so sein Andenken in Ehren gehalten.

Nach dem Mauerfall überlegt die Familie nach Petkus zurückzukehren. Angelika und Ferdinand von Lochow fahren noch 1989 nach Petkus, laufen durch das Dorf und stehen vor den Gebäuden der früheren Firma. Im ehemaligen Wohnhaus der Mutter hat jetzt die Verwaltung der VEG Tierproduktion ihren Sitz, das Wohnhaus der Großmutter wird als Landwirtschaftsschule genutzt. Am Dorfeingang stehen Neubauten aus den 50-er Jahren und sind ein Zeichen dafür, wie erfolgreich der Saatzuchtbetrieb auch in der DDR war und viele Menschen deshalb nach Petkus zogen, um hier zu arbeiten.

Das Ehepaar von Lochow hatte sein Kommen angekündigt und sie werden vom Direktor des Volkseigenen Betriebes Saatzucht Petkus auch empfangen. In seinem Büro hängt ein Bild des alten Ferdinand von Lochow – ein besonderer Willkommensgruß für Ferdinand VI. Doch als die Lochows einige Monate später erfahren, dass die Enteignungen von 1945/46 weiterhin Bestand haben werden und alles, was die Familie einst besaß, zurückgekauft werden müsste, beschließen sie enttäuscht, nicht wieder in der alten Heimat leben zu wollen.

Nach der Wiedervereinigung werden sowohl die Volkseigenen Betriebe als auch die Volkseigenen Güter mit ihrem Vermögen und Grundbesitz in die Ver-

Doch nicht er, sondern sein ältester Sohn wird zunächst nach Petkus gehen. Ferdinand von Lochow sen. sagt heute, dass er sich auf dieses Abenteuer nur eingelassen hat, weil auch einer der drei Söhne mitgezogen hat. Der älteste, Ferdinand VII., ist 20 Jahre alt, weniger impulsiv als sein Vater und BWL-Student in Göttingen. Er entwickelt 1991 ein interessantes Arbeits-zeit-Modell, wonach er für ein Jahr als Assistent der alten Geschäftsführung die Abwicklung des Gutes durch die

waltung der Treuhandanstalt überstellt. Das bedeutet auch für die Volkseigenen Güter Tier- und Pflanzenproduktion in Petkus die Schließung, die Mitarbeiter werden arbeitslos. Eine kleine Delegation von zwei Frauen und zwei Männern macht sich auf den Weg nach Medingen bei Lüneburg in Niedersachsen und besucht Ferdinand von Lochow, um ihn um Hilfe zu bitten. Der erinnert sich: „Wahrscheinlich dachten sie, dass ich gleich drei Millionen auf den Tisch legen kann und auch einen neuen Kuhstall baue." Das kann er nicht. Doch er ist gerührt und überlegt nun doch, nach Petkus zurückzukehren. „Sicher," sagt er heute, „empfand ich auch eine große moralische Verpflichtung."

Treuhand begleitet und bei allen Absprachen dabei ist. So lernt er die Menschen und die Region kennen und kann heute von sich sagen, dass er ein spezielles Kapitel deutsch-deutscher Geschichte hautnah miterlebt hat. Dafür kommt er von Montag bis Freitag nach Petkus. Für Ferdinand jun. ist es eine erste Belastungsprobe, doch er bringt Studium und Assistenten-Stelle unter einen Hut. Sein Ehrgeiz ist erwacht und der Wunsch, in Zukunft als Landwirt zu arbeiten. Auch wenn die Situation schwierig ist, sieht er „die Chance, die man nur einmal im Leben bekommt" und empfindet gleichzeitig eine familiäre Verpflichtung, sich dieser Aufgabe zu stellen.

Die neuen Zeiten sind hart und die Veränderungen gravierend. Der große Ausverkauf der ehemals volkseigenen Güter beginnt. Die Lochows erleben, wie Tiere zu Schleuderpreisen verkauft, Betriebsteile ausgegliedert und Maschinen weggegeben werden. Die Menschen sind oft überfordert und reagieren mit unsinnigen Hoffnungen oder harter Konfrontation.

Dass die Lochows zurückkommen werden, freut die Leute im Dorf und sie begegnen ihnen mit Herzlichkeit. „Mit der Treuhand dagegen," sagt Ferdinand sen., „begann der lange Kampf, der bis heute noch nicht ausgestanden ist." Zunächst kann er das Land von der Treuhandanstalt für zwölf Jahre pachten, der Vertrag wird am 1.4.1992 unterschrieben und der landwirtschaftliche Betrieb von beiden Lochows als Vater-Sohn GbR eingerichtet. Auch die Gebäude werden gepachtet; Tiere, Maschinen und Inventar dagegen müssen teuer erworben werden. Lochows hoffen, wie tausende Alteigentümer auch, dass die Regelungen im Einigungsvertrag geändert, wenigstens „nachgebessert" werden. Weitere zwei Jahre kümmert sich Ferdinand jun. um den Betrieb und erinnert sich, dass so manche Pflugfurche und Drillreihe bei ihm noch lange nicht so akkurat aussah wie bei den einheimischen Bauern.

1994 ergibt sich für den Vater eine berufliche Veränderung. Im Auftrag seiner Firma, einem internationalen Pflanzenschutz-Unternehmen, kann er nach Brandenburg gehen, um die Produkte auch im Osten einzuführen. Und so zieht Ferdinand sen. zusammen mit seiner Frau nach Petkus um und wohnt wieder in seinem Geburtshaus, zunächst nur in einem Zimmer in der oberen Etage. War er bisher oft an den Wochenenden in Brandenburg, kann er sich jetzt viel besser um die Betriebsführung kümmern. Bei Ehefrau Angelika von Lochow laufen die Fäden zusammen. Sie übernimmt die Buchhaltung, erledigt Büroarbeiten und ist Ansprechpartnerin und Koordinatorin zwischen Ehemann, Sohn, Mitarbeitern und Kunden. Im April 1995 kann die Familie das Landhaus kaufen, eine größere Villa, die Ende der 1920-er Jahre als Alterssitz für die Witwen der von Lochows gebaut wurde.

Ferdinand jun. schließt 1996 sein Betriebswirtschaftsstudium an der TU in Berlin ab und arbeitet bis 2000 als Unternehmensberater in Hamburg und Berlin. Während er Projekte entwickelt, spürt er, dass er eigentlich lieber auf einem Trecker sitzen würde, als immer nur Büro-Arbeit zu machen. Neben seiner Tätigkeit absolviert er auch eine Ausbildung zum Landwirt, die er 2000 abschließt. Den Vater freut das. Er weiß, „dass Landwirtschaft eine viel zu schwere und komplexe Angelegenheit ist, als dass man hier nur einen Betriebswirt ranlassen könnte." Der Vater setzt auf Nachhaltigkeit, und dabei geht es nicht allein ums Geldverdienen, sondern auch um das Erhalten und Weitergeben an die nächste Generation. Er sagt all das lächelnd und mit Nachdruck.

Im Jahr 2002 steht die nächste wichtige Entscheidung an: Sollen die Pachtverträge verlängert oder soll das Land gekauft werden? Leicht wird es der Familie

Einen Jagdschein hat er auch, was heftig nach Klischee und altem Adel klingt, aber auf dem Land selbstverständlich ist, um das Wild in seinem Bestand zu kontrollieren und Schäden in der Landwirtschaft zu vermeiden. Der Wildbestand ist hoch und der damit verbundene Schaden auch. Jetzt im April erregen die Erbsenfelder das besondere Interesse von Wildschweinen. Jede Nacht finden sich Schweine-Großfamilien ein und fressen sich satt im Schutz der Dunkelheit. Die Landwirte und Jäger können kaum etwas dagegen tun.

nicht gemacht. Schließlich kaufen die Lochows die Hälfte der ursprünglich 450 Hektar Ackerland, das früher Eigentum der Familie war. Der Kaufpreis ist hoch, die Vertragsbedingungen zugunsten der Treuhandanstalt erschweren zusätzlich den Rückkauf. Bis heute dauern die Verhandlungen an, die mit der BVVG, der Nachfolgegesellschaft der Treuhand, geführt werden. Es geht um 180 Hektar Land, das die Lochows gepachtet haben, aber noch immer nicht kaufen konnten.

Inzwischen bewirtschaftet Ferdinand jun. zusammen mit drei Mitarbeitern und einem Lehrling rund 580 Hektar Ackerland und 99 Hektar Forst. Im Jahr 2004 legt er seine Prüfung als Landwirtschaftsmeister ab.

Vater und Sohn sehen heute mit Sorge die extremen Eigentumsverhältnisse in den neuen Bundesländern. „Nicht nur der massive Einstieg außerlandwirtschaftlicher Kapitalinvestoren, sondern auch die fehlende Chancengleichheit zwischen den kleineren Familienbetrieben und den sehr großen LPG-Nachfolgebetrieben sind keine gute Entwicklung für den ländlichen Raum," wissen beide und beobachten, dass eine nachhaltige Entwicklung oft durch kurzfristiges Streben nach hoher Rendite ersetzt wird. Neben den problematischen ökologischen Folgen für den ländlichen Raum führe diese zu einer Verarmung der Böden und dadurch zu einer Verarmung der Bevölkerung. „Auch geht dabei die Beziehung zum Land verloren," sagen Vater und Sohn, und dass damit die Verantwortung schwindet. „Es fehlen in dieser Gegend mittelständische Unternehmen für die ländliche Entwicklung."

Petkus liegt im Niederen Fläming, einer offenen, von der Eiszeit geprägten Landschaft. Der 178 Meter hohe Golmberg ist hier die einzige und deshalb markante Erhebung. An schönen Tagen soll man Richtung Norden – so behaupten Tourismusfachleute – sogar bis zum 60 Kilometer entfernten Berlin sehen können. Weiter westlich, hinter Jüterbog beginnt dann der waldreiche Hohe Fläming mit einer Hügelkette, ebenfalls von der Eiszeit geformt, und dem Hagelberg, der 200 Meter misst und damit den Golmberg übertrumpft. Militärgeschichtlich ist der Hagelberg von Bedeutung, da hier 1813 die Truppen Napoleons durch die Preußen mit Unterstützung russischer Kosaken geschlagen wurden. Zur Erinnerung daran wird jedes Jahr das Gefecht bei einem Riesenspektakel nachgespielt.

Touristen kommen seit einigen Jahren besonders gern in diese Gegend, weniger wegen der Berge, sondern, weil es hier die „Flaeming-Skate" gibt, Europas Skate-Region Nr. 1, die mit einem 230 Kilometer langen Rundkurs für Skater und Radfahrer zu den längsten in Europa gehört. Mit dem Bau dieser Strecke ist Ende der 1990-er Jahre begonnen worden, als der Region die Touristen abhanden zu kommen drohten, die Arbeitslosig-

keit stieg und die Abwanderung begann. Im April 2012 ist das letzte Teilstück der zwei bis drei Meter breiten Rollbahn aus feinstem Asphalt fertig gestellt und freigegeben worden. Seitdem können ganz ohne Auto Natur und Sehenswürdigkeiten der Region erradelt oder erskatet werden.

Von Anfang an sieht Ferdinand jun. die damit verbundene Chance: „Auch Skater müssen mal eine Pause machen oder besser noch, sollten zum Übernachten angeregt werden", sagt sich der studierte Betriebs- und Landwirt und entwickelt im Jahr 2000 die Idee eines Skatehotels. Die Realisierung aber macht er abhängig von der Zustimmung seiner Freundin Alexandra von Pfuhlstein. Sie ist eine energische junge Frau, die Sozialpädagogik und Politikwissenschaften studiert hat. Seit kurzem lebt sie in Berlin und gehört zum Mitarbeiterteam für eine Ausstellung im Centrum Judaicum. Zunächst sieht es so aus, als ob die Lebenswege der beiden in gänzlich verschiedene Richtungen führen werden.

Dass Alexandra ihren Lebensmittelpunkt einmal in Brandenburg haben würde, war weder vorgesehen noch vorstellbar. Allerdings hat sie im Alter von zehn und zwölf Jahren die DDR besucht, denn ihr Großvater lebte im brandenburgischen Eberswalde. Die Reisen findet sie bis heute „sehr spannend" und ist froh, diese Erfahrungen gemacht zu haben. Deutlich erinnert sie sich an Einzelheiten, wohl auch, weil alles so anders war als ihr behütetes Leben im südbadischen Freiburg im Breisgau. Noch immer waren an den Häusern deut-

lich sichtbare Spuren von Granatsplittern zu finden, obwohl der Zweite Weltkrieg schon vierzig Jahre vorbei war. Sie erinnert sich auch, dass sie anstehen mussten, um in einem Restaurant einen Platz zu bekommen, die Leute aber ungemein freundlich waren und bei privaten Einladungen ihre Gäste sehr verwöhnten, so dass von dem allgegenwärtigen Mangel nichts zu spüren war.

Besonders prägend findet Alexandra von Lochow die Erfahrungen, die sie in Berlin macht; zunächst in der geteilten, später in der wiedervereinten Stadt. Als Teilnehmerin des Evangelischen Kirchentages erlebt sie die Halbstadt West-Berlin und ist nur zu einem kurzen Besuch in der anderen Hälfte, der Hauptstadt der DDR. Der nächste Kirchentag, diesmal der katholische, findet nach dem Mauerfall im ungeteilten Berlin statt. Nirgendwo, sagt sie mit Nachdruck, hätte sie deutlicher die politischen Veränderungen spüren und erleben können als in Berlin.

In Berlin lernt sie auch ihren späteren Mann kennen. Es ist ihre gemeinsame Entscheidung, nach Petkus zu ziehen und dort auch zu leben. Die Katholikin empfindet nach Berlin auch das protestantische Brandenburg überwiegend konfessionslos – für Alexandra ein Umstand, der am Anfang gewöhnungsbedürftig ist. Inzwischen ist sie in Brandenburg heimisch geworden und hat viel über das frühere Leben in der DDR erfahren. Noch immer bedauert sie, dass die Zahl derer stetig abnimmt, die sich zum christlichen Glauben bekennen, denn: „Wir leben nun mal in einer christlich geprägten Gesellschaft, das ist unser kulturgeschichtlicher Hintergrund."

Für das „erste Skatehotel der Welt" kauft Ferdinand von Lochow jun. das ehemalige Verwaltungshaus des Saatzuchtbetriebes, das sein Urgroßvater 1936 erbauen ließ. Skatehotel und Landwirtschaft sind in dieser Region „eine gute Risikostreuung", sagt er und beschreibt, wie sich das Wetter auf die Wirtschaftlichkeit beider Betriebe auswirkt. „Viel Sonne und wenig Regen sind gut für den Tourismus und schlecht für die Landwirtschaft. Freut sich der Landwirt über Regen im Frühjahr und einen nassen Sommer, bleiben die Touristen aus."

Für das Hotel muss das ehemalige Verwaltungsgebäude von Grund auf saniert und umgebaut werden. Im Juni 2002, genau am Tag der Hochzeit von Ferdinand und Alexandra, wird das Skatehotel eröffnet und die Feier, Bewirtung und Übernachtung der Hochzeitsgäste gleich zum Probelauf für das Hotel. Das junge Paar lebt noch bis 2007 im Skatehotel, erst dann gelingt es, auch das dritte Haus zu kaufen, das früher den von Lochows gehörte. Den Zuschlag erhalten sie, als bekannt wird, dass ein osteuropäischer Käufer plant, hier ein Bordell einzurichten. Wieder leben sie auf einer Baustelle, diesmal eingerahmt von schönen alten, wenn auch stark verfallenen Wirtschaftsgebäuden des Gutshofes.

Das Skatehotel wird inzwischen recht gut gebucht. Der Werbeslogan „Direkt vom Bett aus skaten..." kann sogar wörtlich genommen werden, denn hier hat niemand etwas dagegen, wenn sich die Gäste auch im Haus auf Rollen fortbewegen. Alexandra von Lochow ist die Geschäftsführerin und froh, wenn das Haus am Jahresende „keine roten Zahlen schreibt". Ein Gewinn wäre zweifellos besser, aber bisher ist da immer ein verregneter Sommer oder eine Großreparatur im

Hotel dazwischen gekommen. Dennoch will sie das günstige Preisniveau beibehalten und hofft, auch alle vierzehn Mitarbeiter und Azubis das ganze Jahr über zu beschäftigen.

Es ist zu bewundern, wie die Mutter von vier Kindern alles meistert. Sie nennt es ihre „zwei Familienunternehmen", wenn sie sich abwechselnd um Reisegruppen und Hausaufgabenbetreuung kümmert, das Abholen von Schule und Kindergarten plant, Organisatorisches im Hotel klärt, für die Mitarbeiter ein offenes Ohr hat oder Kindergeburtstage vorbereitet. An hektischen Tagen ist Schwiegermutter Angelika eine zuverlässige Hilfe.

Ob eines Tages der nächste Ferdinand mit demselben Enthusiasmus wie sein Vater und Großvater den Betrieb übernehmen und weiterführen wird? „Das würde mich natürlich freuen," sagt sein Vater, „ist aber keine Forderung von uns Eltern." Die Zeiten haben sich geändert, kein Sohn muss mehr automatisch den Beruf des Vaters ergreifen, wenn er keine Neigung dazu verspürt. „Aber wir haben ja auch noch zwei weitere Söhne und eine Tochter. Wir werden sehen, ob eines der Kinder einmal Spaß daran haben wird", fügt Ferdinand VII. nach einer kleinen Pause hinzu. Und lächelt dabei.

Herbst im Havelland

Eberhard und Uta von der Hagen

Das halbierte Herrenhaus

Stölln ist ein kleines Dorf mit einer großen Geschichte. Die verdankt es dem Gollenberg, der höchsten Erhebung im Havelland. Je nach Reiseführer schwanken die Angaben zur Höhe des Bergs zwischen 110 und 150 Metern. Für Otto Lilienthal waren Lage und Größe genau richtig, um hier ab 1893 erste Flugversuche mit seinem Gleitflugapparat zu unternehmen. Drei Jahre später verunglückte er tödlich. An ihn erinnert nicht nur ein Denkmal am Fuße des Gollenbergs, sondern auch das Lilienthal-Centrum in Stölln und das jährlich im August stattfindende Otto-Lilienthal-Fest.

Gern schmückte sich auch die DDR mit dem Flugpionier. Und so fand noch im Oktober 1989 ein ausrangiertes Passagierflugzeug des Typs Iljuschin IL-62 auf dem kleinen Stöllner Flughafen seine letzte Bestimmung. Nach einer spektakulären Landung auf dem Acker wurde das nach Lilienthals Ehefrau „Lady Agnes" benannte Flugzeug zu einem Museum umgerüstet und bietet seitdem auch heiratswilligen Paaren einen besonderen Ort für ihr Jawort.

Lange vor Lilienthal war der Gollenberg bereits Schauplatz der Geschichte. Von ihm aus, so ist es bei Theodor Fontane nachzulesen, soll der Preußenkönig Friedrich II. im Jahr 1779 herabgeschaut und hocherfreut festgestellt haben: „Das ist wahr, das ist wider meine Erwartungen. Das ist schön! Ich muss Euch sagen, alle, die Ihr daran gearbeitet habt, Ihr seid ehrliche Leute gewesen!" Der Grund seiner dokumentierten Freude war die geglückte Entwässerung des Rhinluchs und die Ansiedlung neuer Kolonien. Beides war auf des Königs Befehl hin geschehen.

Die Geschichte der von der Hagens reicht noch weiter zurück. Bereits im 15. Jahrhundert wird Stölln und damit die Familie urkundlich erwähnt. Das sollte man wissen, um zu verstehen, dass Eberhard und Uta von der Hagen in einem Alter, in dem andere Paare ein beschauliches Rentnerdasein bevorzugen, ihrem Leben noch einmal eine Wende gaben.

In der Zeit der politischen Wende hatte Eberhard von der Hagen sein Pensionsalter erreicht. Das bedeutete auch die Suche nach einer neuen Bleibe, denn als

Hause fuhren, öffnete Ungarn um Mitternacht die Grenze zu Österreich. Der eiserne Vorhang hatte ein Schlupfloch bekommen und tausende DDR-Bürger flüchteten in den Westen.

Mit dem Ende der DDR stand die Familie vor der Frage, ein Erbe anzunehmen oder auszuschlagen. Das Haus, in dem früher die verwitwete Großmutter und die unverheiratete Tante Daisy gewohnt hatten, war nie enteignet oder verkauft worden und also noch immer Eigentum der Familie. Die hochbetagte Daisy von der Hagen lehnte ab, zurück in den Osten zu ziehen. Und auch allen anderen, den Kindern, Geschwistern, Neffen und Nichten, passte dieser radikale Wechsel nicht in ihre persönliche Lebensplanung.

Der Familienrat tagte und die Wahl fiel auf Eberhard und Uta. Ganz nach dem Motto: „Wenn es ein Haus der von der Hagen gibt, dann sollten auch von der Hagen darin wohnen" nahmen sie die Herausforderung an, die sie bis heute als Fügung und Glücksfall empfinden. Mag sein, dass sie daraus die notwendige Kraft schöpften, denn die Einbauten und eine Grundrenovierung waren anstrengender und zeitraubender als geplant. Seit 1993

Diakon lebten er und seine Frau bis dahin in einer Dienstwohnung, zuletzt in Dortmund, wo er mit Unterstützung seiner Frau ein Altenkrankenhaus leitete. Den Kontakt zu seiner früheren Heimat hatte Eberhard von der Hagen nie ganz verloren. Er reiste in den 1980er Jahren regelmäßig nach Stölln und traf sogar noch einige alte Bekannte. Dass er eines Tages dort wieder wohnen würde, hatte er sich nicht vorstellen können.

Bei einem Besuch im Herbst 1989 erlebte er deutlich die Unzufriedenheit der Menschen, die Sorge um die Zukunft der Kinder und den Mangel an simplen Dingen. Viele hatten bereits die DDR verlassen. Als Eberhard von der Hagen und seine Frau am 10. September nach

lebt das Paar in Stölln. Mit ihnen hat sich auch der familiäre Mittelpunkt wieder in die alte Heimat verschoben.

Überaus freundlich, detailgenau und präziser als jedes Navigationsgerät ist die Wegbeschreibung, die Uta von der Hagen am Telefon gibt. Unzählige Male ist sie die Strecke zwischen Stölln und Berlin in den letzten 20 Jahren selbst gefahren. Ein Bus verkehrt nur zwei Mal am Tag, bringt Schulkinder am Morgen nach Rathenow und am Nachmittag wieder zurück.

Das Haus von Fräulein Daisy war ursprünglich ein Bauernhaus, nur der große Pferdestall hinter dem Haus erinnert noch daran. Im späten 19. Jahrhundert erbaut, als die Gründerzeit auch Bauern zu Reichtum verholfen hatte, wirkt das Gebäude wie die kleine Ausgabe eines gutbürgerlichen, städtischen Wohnhauses und bot den Damen von der Hagen einen angemessenen Wohnsitz. Zu DDR-Zeiten waren hier mehrere Familien und auch die örtliche Filiale der Post untergebracht. Heute leuchtet das Haus in einem zarten Vanille-Gelb. Seine schnörkellose Klarheit entspricht ganz der Lebensweise der heutigen Bewohner.

Das zarte Gelb des Außenanstrichs setzt sich im großen Wohnraum fort und sorgt für eine freundliche Grundstimmung. Antike Möbel, gerahmte Stiche, Vasen, Bilder und altes Porzellan erzählen von einer langen Familiengeschichte. Zeitungen und ein Stapel Bücher, obenauf eine jüngst erschienene Politiker-Biografie, zeugen vom Interesse am aktuellen Zeitgesche-

hen. Eine Gruppe gerahmter Fotografien versammelt mehrere Generationen der großen Familie. Eberhard und Uta von der Hagen haben fünf Kinder und bereits zehn Enkelkinder.

Eberhard, zweiter Sohn des letzten Eigentümers des Gutes in Stölln, ist ein freundlicher alter Herr mit einem ausgezeichneten Gedächtnis. Obwohl er die Geschichte seiner Familie schon oft erzählt hat, gibt er gerne Auskunft. Seine Frau Uta sitzt ihm gegenüber. Sie hört aufmerksam zu, ist lächelnd bereit, zu ergänzen oder sanft zu korrigieren. Ihr Lächeln ist ein besonderes Lächeln. Es ist zugewandt, aufmunternd und ansteckend. Gut vorstellbar, dass sich ihr Mann vor mehr als 50 Jahren deshalb in sie verliebt hat.

Obwohl in Pommern geboren, wuchsen Eberhard und seine vier Geschwister im Havelland auf, weil nach dem Tod des Großvaters das Gut in Stölln bewirtschaftet werden musste. Sein Vater Tronje von der Hagen, Beamter in Dubberow, Provinz Pommern, zog deshalb mit der Familie zurück in die Heimat. Sehr genau erinnert sich Eberhard an seine Kindheit im Herrenhaus, das von den Dörflern in freundlicher Übertreibung Schloss Stölln genannt wurde. Es gibt nur noch wenige Aufnahmen, die das Mitte des 18. Jahrhunderts erbaute Herrenhaus zeigen. Der klar gegliederte, langgestreckte Bau war eingeschossig und hatte ein Mansarddach. Die Freitreppe auf der Rückseite führte in einen großen Park, der ein bevorzugter Spielplatz von Eberhard, seinen Geschwistern und den Nachbarkindern aus dem Dorf war.

Die 80 Kilometer entfernte Reichshauptstadt war sowohl Absatzmarkt für die Produkte von Gut Stölln als auch Anziehungspunkt des modernen Lebens. Die Stölln-Kinder besuchten Berliner Gymnasien mit angegliederten Internaten. Im Januar reiste man zur Grünen Woche nach Berlin und logierte im Mohrenhospiz am Gendarmenmarkt. Die wichtigste Landwirtschaftsmesse Mittel- und Ostdeutschlands war ein Großereignis und gleichzeitig beliebter Treffpunkt der Gutsbesitzer und Landwirte, die nicht nur aus der nahen Umgebung kamen, sondern auch aus Pommern und Schlesien.

Eberhard von der Hagen war neun, als die Wehrmacht in Polen einmarschierte und der Zweite Weltkrieg begann. Genau erinnert er sich, dass sofort mit Beginn des Krieges Lebensmittelmarken eingeführt wurden, so dass auch für die Landbevölkerung ab September 1939 Milchprodukte, Fett und Fleisch, Zucker und Marmelade nur noch rationiert zu haben waren. Das Gut musste sich umstellen, neben Kartoffeln baute man jetzt hauptsächlich Kohl an. Der Vater wurde eingezogen und kam an die Ostfront, statt der Bauern arbeiteten Kriegsgefangene in der Landwirtschaft, auch die Hagen-Kinder mussten helfen. Noch fühlte man sich in Stölln relativ sicher, noch überflogen alliierte Bomber das Havelland mit Berlin als Ziel.

Das änderte sich 1943. Die Hauptstadt wurde fast täglich bombardiert, das öffentliche Leben konnte nur mühsam aufrechterhalten werden. Schulen wurden geschlossen und die Kinder evakuiert. Auch das Arndt-Gymnasium in Berlin-Dahlem wurde evakuiert und Eberhard von der Hagen musste ab Herbst 1943 in Rathenow zur Schule gehen. Immer mehr ausgebombte Hauptstädter suchten nach einer Bleibe im vermeintlich sicheren Umland.

Doch auch Stölln war nicht mehr sicher. Im Frühjahr 1945 versteckte sich die Familie von der Hagen zusammen mit den Bewohnern des Dorfes für eine Nacht im Wald. Der Traum von der „Wunderwaffe" war geplatzt, die Angst vor der russischen Armee groß. Anfang Mai beschloss die Familie, Stölln Richtung Westen zu verlassen. Doch schon zwei Tage später endete in der Prignitz die Flucht. Die Rote Armee hatte sie überholt und der Weg über die Elbe war versperrt.

Die Familie kehrte zurück, aber das Herrenhaus bot ihnen kein Zuhause mehr. Es war gleich mehrfach verwüstet und geplündert worden. Zuerst durch ein deutsches Fliegerkommando, das noch im April einquartiert wurde und dem bevorstehenden Untergang des „Dritten Reiches" mit viel Alkohol und wilden Exzessen zu trotzen suchte. Danach durch russische Soldaten, die in hemmungsloser Zerstörungswut den Sieg über Nazi-Deutschland feierten. In den noch bewohnbaren Räumen wurden Flüchtlingsfamilien einquartiert.

In den letzten Wochen des Krieges erlangte das Havelland eine fatale militärstrategische Bedeutung. Die alliierten Streitkräfte waren bis zur Elbe vorgedrungen, jetzt wurden auch kleine Orte und vor allem Eisenbahnlinien bombardiert. Zur Verteidigung der Brückenköpfe über die Havel wurde Rathenow zur Festung erklärt und zwölf Tage buchstäblich um jede Straße und jedes Haus gekämpft, bevor die Rote Armee am 6. Mai hier den Krieg für beendet erklärte.

Eberhard von der Hagen war fünfzehn, als der Krieg vorbei war und Deutschland in Trümmern lag. Sein Glaube an preußische Tugenden wie „Treu und Redlichkeit" war erschüttert worden, Pommern verloren gegangen und die Zukunft in Stölln ungewiss. Das Leben des Heranwachsenden war geprägt von den Auswirkungen der Kriegs- und Nachkriegszeit.

Die Familie von der Hagen suchte sich provisorische Behausungen. Noch einmal wurde das Land bestellt und der Vater versuchte an das Vorkriegsleben anzuknüpfen. Im Juni 1945 wurde er zusammen mit seinem Gutsinspektor und anderen Männern von der sowjetischen Militäradministration verhaftet und kam als Offizier in ein sowjetisches Speziallager nördlich von Moskau. Er überlebte und wurde 1948 entlassen.

Im Zuge der Bodenreform wurden die von der Hagens enteignet. Eberhards Mutter Renate von der Hagen, geborene Gräfin und Burggräfin zu Dohna, war dennoch nicht gewillt, die Heimat zu verlassen und beantragte Siedlungsland. Doch die neuen Machthaber ließen den Adeligen keine Wahl, der Enteignung folgte die Ausweisung. Die Mutter musste im November 1945 Stölln verlassen, ging mit den Kindern unter großen Schwierigkeiten zuerst nach Westberlin und später als Flüchtling nach Niedersachsen. Dorthin kam auch der Vater nach seiner Entlassung. Nie wieder betrieben die Eltern Landwirtschaft, nie wieder wollten sie einen Fuß auf das Land setzen, das mehr als 500 Jahre Eigentum der Familie von der Hagen gewesen war.

Die Tante, Daisy von der Hagen, durfte bleiben. Was aus dem Familienbesitz gerettet werden konnte,

Schloss

Als Stadtkommandant von Berlin war Generalleutnant Paul von Hase eine führende Rolle für die Zeit nach dem Umsturz zugedacht worden. Nach dem missglückten Hitler-Attentat wurde er im August 1944 in Plötzensee hingerichtet. Seine Schwester Eva erstritt vor Gericht erfolgreich die Anerkennung als Opfer des Naziregimes. Sie durfte ihr Haus behalten und bekam eine Siedlerstelle zur eigenen Bewirtschaftung. Fünf Jahre später starb sie in Rhinow. Das Herrenhaus existiert nicht mehr, es musste wegen Baufälligkeit abgerissen werden.

bewahrte sie in ihrem Haus auf. Auch hier wurden Flüchtlinge einquartiert, sie kamen vor allem aus der Ukraine und Bessarabien. Fräulein Daisy half und war beliebt im Dorf. Erst 1965 zog sie in den Westen und ihr Haus wurde von der Gemeinde verwaltet.

Nur wenige Großgrundbesitzer duldete man in der SBZ. Eva von der Hagen gehörte dazu. Die Ehefrau eines Vetters lebte nach dem Tod ihres Mannes allein in Berlin und ein Verwalter bewirtschaftete bis 1945 das Gut im Nachbarort Rhinow. Was niemand in der Familie wissen durfte und auch in Rhinow erst nach dem Krieg publik wurde, waren die Aktivitäten ihres Bruders beim militärischen Widerstand gegen Hitler.

Das Herrenhaus der von der Hagen in Stölln bildete zusammen mit dem westlich gelegenen Gutshof und der gegenüber stehenden Kirche einst das Zentrum des Dorfes. Die kleine Kirche gibt es noch immer, die alte Brennerei ist zum Lilienthal-Centrum umgebaut worden. Das Herrenhaus sucht man heute vergeblich. An seiner Stelle finden sich zwei Einfamilienhäuser unterschiedlicher Größe. Nur der kundige Betrachter kann in ihnen die Reste eines dazumal herrschaftlichen Gebäudes entdecken. Und so hat Stölln eine Besonderheit, die einmalig und auf spezielle Weise sehenswert ist: Ein Gebäude, das seiner Mitte beraubt wurde und an dessen vollständige Existenz nur noch die beiden einzeln stehende Häuser erinnern – früher der westliche und östliche Seitenflügel des Herrenhauses. Sie bekamen neue Giebelwände und Dächer und wurden zu DDR-Zeiten als Gemeindeamt und Wohnhaus genutzt. Letzter sichtbarer Hinweis auf das frühere Herrenhaus sind die in beiden Häusern auf gleicher Höhe verlaufenden, halbrund gewölbten Kellerfenster.

Diese absurde Kuriosität hat Stölln einerseits einem linientreuen Bürgermeister zu verdanken, andererseits der Renitenz der Dorfbewohner. Der eine befahl den Abbruch, die anderen weigerten sich, ihn zu vollenden. 1947 wurde in der SBZ der unheilvolle Befehl Nr. 209 erlassen. Unter dem Vorwand, dringend benötigten Wohnraum zu schaffen, wurde dieser Befehl zur gesetzlichen Grundlage für den Abriss vieler Guts- und Herrenhäuser. So sollte Baumaterial gewonnen werden – und gleichzeitig die herrschaftlichen Behausungen der Junker verschwinden. Wie viele neue Wohnungen auf diese Weise wirklich entstanden, ist kaum zu erfahren. Die Zerstörung von alten Gebäuden, die oft von namhaften Architekten und deren Schülern errichtet worden waren, geht in die Tausende.

Vielfältige Hinweise auf die Familiengeschichte der von der Hagens finden sich dagegen bis heute in der kleinen Kirche. Sie wurde 1824 grundsaniert, der Westturm eines Vorgängerbaus ist rund 50 Jahre älter. Während die Kirche äußerlich sehr knapp als „Putzbau mit Rundbogenfenstern" beschrieben wird, überrascht sie im Inneren: Der prächtige Altaraufsatz aus Sandstein mit Marmorsäulen und Alabaster-Figuren stammt aus dem Jahr 1615, er war als Epitaph-Altar im Auftrag der Familie von der Hagen entstanden. Das Hagensche Wappen ist in der geschnitzten Brüstung zur Nordempore, in den Fenstern und an der Kanzel zu finden.

Ginge es nach Eberhard und Uta von der Hagen, sollte die Kirche viel mehr Aufmerksamkeit erfahren. Es ist zu spüren, wie sehr ihnen das Gotteshaus am Herzen liegt. Stärker als andere empfinden beide den Verlust des Glaubens in dieser Region. Die Mehrheit der Menschen in Brandenburg sind keine gläubigen Christen mehr und selbst kleine Kirchen viel zu groß für die wenigen, die noch zu den Gottesdiensten kommen. „Hin und wieder gibt es eine Taufe, selten eine Hochzeit", sagt Eberhard von der Hagen. „Allein bei den Beerdigungen ist die Kirche noch einmal wichtig." Er, der Diakon im Ruhestand, beklagt sich nicht, sondern stellt nüchtern fest, wie sich das Erbe der DDR bis heute auswirkt. Er und seine Frau haben 2010 gemeinsam mit siebzehn Mitstreitern den Förderverein der Dorfkirche Stölln gegründet, um „Ideen und Aktivitäten zu bündeln" und besser Geld für dringend notwendige Reparaturen zu bekommen. Zum ersten Mal schwingt bei ihnen so etwas wie Stolz mit, wenn sie von den kleinen und großen Erfolgen berichten. Bei der Pflege rundum, beim Aufräumen und beim Schmücken zum Erntedankfest oder zu Weihnachten helfen die Frauen des Ortes ganz selbstverständlich mit,

THOMAS PHILIPP VON DER HAGEN, Präsident des Ober Consistorii, Chef des Ober Collegii Medici, Director der Churmärckschen Landschaft, Dohmherr zu Brandenburg, des Johanniter Ordens Ritter ... gesessen auf Hohennauen ...

denn „es ist ja schließlich ihre Kirche in ihrem Dorf", erzählt Uta und lächelt wieder ihr feines Lächeln, dem sich kaum jemand entziehen kann, wenn sie freundlich und mit klarer Stimme um Hilfe bittet. Uta von der Hagen ist nicht nur ausgebildete OP-Schwester, son-

dern auch Gesprächstherapeutin. „Man hat schließlich eine Verantwortung!" Der knappe Satz drückt die tiefe Überzeugung ihres Tuns aus und meint gleichermaßen Menschen und Gebäude.

Im ausgebauten Pferdestall, der wahrhaft „festliche Maße" hat, lädt Uta von der Hagen regelmäßig zum Abendkreis für Frauen ein, bei dem gelesen und gespielt wird. Inzwischen trifft man sich hier auch, um allerlei Nützliches zu häkeln, zu formen und zu basteln. Uta von der Hagen hat keine Berührungsängste, die DDR-Tradition des Solibasars wiederzubeleben, nur kommt der Verkaufserlös heute der Kirche zugute. Das Schwätzchen bei Kaffee und Kuchen tut allen gut und fördert das Gemeinschaftsgefühl.

Uta von der Hagen, eine geborene Bernsdorff, stammt aus Riga und wuchs in Posen auf. Auch ihre Familie musste fliehen, auch sie fand in Niedersachsen ein neues Zuhause. Eberhard und Uta gingen in dieselbe Schule. Es ist sicher kein Zufall, dass sich beide gut verstanden, denn: „Wir hatten denselben Hintergrund, wir hatten Notzeiten erlebt und waren darin geübt, anspruchslos zu sein Das war sehr hilfreich. Auch der gleichermaßen erlebte Verlust war wichtig für die Beziehung."

Uta wollte ursprünglich Medizin studieren, fügte sich aber dem Wunsch ihres Vaters, der das für ein Mädchen nicht angemessen fand. Dennoch wäre es falsch, in ihr nur die Tochter aus gutem Hause zu sehen, deren einziges Ziel es war, treusorgende Ehefrau und liebevolle Mutter zu sein. Stets war sie die gleichberechtigte Partnerin mit einem eigenen Beruf. Und das zu einer Zeit, in der dieser Anspruch in der Bundesrepublik längst nicht selbstverständlich war.

Uta und ihr Mann Eberhard sind zufrieden und meinen damit den glücklichen Zustand der inneren Zufriedenheit. Sie leben gerne in Stölln und sind hier zu Hause. „Ein wenig fehlt mir die Kultur", sagt Uta von der Hagen dann doch noch. Es ist die einzige Einschränkung, die ihr einfällt. Und sofort erzählt sie lächelnd von der letzten Reise zu einem der Söhne nach Vietnam und von den Kulturausflügen nach Potsdam oder Weimar. Ist der Kultur-Akku wieder aufgefüllt, kehrt sie gerne in die dörfliche Abgeschiedenheit zurück.

Die alte Begräbnisstätte der von der Hagen existiert noch immer neben der Kirche und auf dem nördlichen Teil des alten Friedhofs. Bis in die 1970-er Jahre wurde sie von einem Dorfbewohner gepflegt, der sich der Familie verbunden fühlte. Von später wucherndem Buschwerk wieder befreit, wollen sich hier eines Tages auch Uta und Eberhard von der Hagen bestatten lassen.

Und dann erzählt Eberhard von der Hagen noch amüsiert von einer Kuriosität. Als der Friedhof eines Tages zu klein wurde, schenkte der Großvater der Kirche ein Stück seines Ackerlandes, damit auch weiterhin die Toten neben ihrem Gotteshaus begraben werden konnten. Leider vergaß er, diese Schenkung im Grundbuch einzutragen. Und so wurde – bürokratisch genau – auch dieses Stück Erde zum Bodenreformland und folgerichtig enteignet. Inzwischen ist dieser Teil des Friedhofes im Besitz der Kommune und es muss dort, und nicht bei der Kirchengemeinde, nach einem Platz für die letzte Ruhe gefragt werden.

Immer zu Ostern trifft sich seit vielen Jahren die gesamte Familie in Fräulein Daisys Haus in Stölln. Der besondere Reiz des Havellandes im beginnenden Frühling hat bei manchen die Sehnsucht nach einem Leben auf dem Land befördert. Und so ist es nicht mehr ganz ausgeschlossen, dass rund siebzig Jahre nach der Enteignung doch noch ein von der Hagen Grund und Boden seiner Vorfahren erwerben und bewirtschaften wird.

Allee im Havelland

Friedrich-Carl und Ute von Ribbeck

Auf Marschbefehl meiner Ahnen

Die Parkraumbewirtschaftung ist vorbildlich und wohl einmalig für ein Dorf mit 383 Einwohnern. Als 2011 die Bezahl-Parkplätze am Schloss in Ribbeck samt Parkautomatenanlage fertig gestellt und der Öffentlichkeit übergeben werden, ist das mediale Interesse beachtlich. Neben Landrat Schröder und Nauens Bürgermeister Fleischmann sichern sich noch fünf weitere Offizielle einen Abschnitt des Bandes, mit dem die fertige Baumaßnahme feierlich eingeweiht wird. Auch im Ort gibt es Parkplätze, für die der Besucher 50 Cent pro halbe Stunde bezahlen muss. Es ist ratsam, dies zu tun, denn vorzugsweise am Wochenende wird nicht nur kontrolliert, es werden auch Knöllchen verteilt.

Mit der Parkplatzübergabe hat eine Erfolgsgeschichte ihren vorläufigen Höhepunkt erreicht. Denn natürlich würde die Gemeinde nicht 420.000 Euro ausgeben, wenn es keinen Bedarf an Parkplätzen geben würde. Und so ist die feierliche Einweihung dieser nützlichen, weiß markierten Flächen für 59 Pkw und fünf Reisebusse gleichzeitig ein Hinweis auf die erfolgreiche Vermarktung eines Ortes, der seinen Ruhm einem märkischen Reiseschriftsteller, einem adeligen Landwirt und einem Obstbaum zu verdanken hat.

Friedrich-Carl von Ribbeck verfügt auf seinem Grundstück über eigene Parkplätze, so bleibt seinen Gästen Suche und Bezahlen erspart. Das Treffen soll an einem Wochentag im Juni stattfinden, vereinbart ist 12 Uhr. Doch statt von ihm wird die Besucherin von einer freundlichen, blonden Frau mittleren Alters empfangen. Sie heißt Kerstin Steigenberger und stellt sich als „Mädchen für alles" vor. Das bedeutet, dass sie im Haushalt hilft, Ute von Ribbeck zur Hand geht und vor allem in der alten Brennerei mit dem Abfüllen und Verkauf von Essig, Likör und edlen Bränden beschäftigt ist. Herr von Ribbeck wird sich verspäten, da er seine Frau zum Arzt begleitet hat. Es spricht für sein Pflichtbewusstsein, dass er den vereinbarten Termin nicht absagt und eine halbe Stunde später zum Gespräch erscheint.

Wie lebt es sich mit dem berühmten Namen? Es gibt kaum eine Zeitung, kein Magazin und keinen TV-Sender, die nicht in den letzten zwanzig Jahren mit Friedrich-Carl von Ribbeck gesprochen und über seine Geschichte berichtet hätten. Der Streit um das Erbe der bekannten Gutsherren-Familie im brandenburgischen Havelland ist 1999 endlich beigelegt worden. Ein kluger Richter hat es

„Der Staat ist ein Hehler. Ich darf das sagen, das ist vom Berliner Kammergericht ausdrücklich erlaubt worden." Trotzig klingt es, wenn von Ribbeck das Gespräch mit diesem Satz beginnt. Und um nicht missverstanden zu werden, fügt er hinzu: „Hehler nennt man den, der unrechtmäßig erworbenes Eigentum weiter verkauft. In meinem Fall das Bodenreformland." Dabei sieht er so aus wie einer, der einen guten Witz erzählt hat und nun auf die Reaktionen seiner Zuhörer wartet. Doch die Geschichte seiner Familie ist nicht komisch, sie ist eher tragisch zu nennen.

Die Ribbecks gehören zu den ältesten märkischen Adelsfamilien. Schon im Jahr 1237 findet der Name eine erste urkundliche Erwähnung. Seit 1375 sind sie Eigentümer eines Ritterhofes in Ribbeck. Im 16. Jahrhundert vergrößert sich der Besitz und die Familie teilt sich in mehrere Linien. Noch heute erinnert an sie das Ribbeck-Haus in Berlin und eine Ribbeckstraße in Potsdam-Bornstedt. Die direkten Vorfahren von Friedrich-Carl leben in den westlich von Berlin gelegenen Dörfern Ribbeck und Bagow. Ihnen gehören 1931 über 2.500 Hektar Ackerland, Wiesen, Wald und eine Ziegelei. Mit Erfolg betreiben sie Landwirtschaft und haben es um 1900 zu beachtlichem Reichtum gebracht.

Hans-Georg Karl Anton von Ribbeck – der Großvater von Friedrich-Carl – ist Rittmeister der Husaren. Auch nach dem verlorenen Krieg und der Abdankung des Kaisers Wilhelm II. bleibt er überzeugter Monarchist, seine Verehrung gilt besonders dem Preußenkönig Friedrich II. Mit der demokratischen Entwicklung Deutschlands

geschafft, die Parteien zu einem Vergleich zu bewegen. Seitdem ist auch Friedrich-Carl ruhiger geworden; älter natürlich auch und inzwischen weißhaarig. Müde noch nicht. Der Blick aus seinen sehr hellblauen Augen ist aufmerksam. Er ist jetzt 73 Jahre alt.

kann er nichts anfangen. Die Weimarer Republik lehnt er vehement ab und tritt dem neu gegründeten „Stahlhelm, Bund der Frontsoldaten" bei. Als dieser 1933/34 in die SA überführt wird, verweigert sich Ribbeck. Er macht aus seiner Gesinnung kein Geheimnis und wird im Sommer 1934 auch kurz verhaftet. Für die neue „braune Bewegung" hat er nur Verachtung übrig. Bilder des „Führers" werden in seinem Haus nicht geduldet und der „Deutsche Gruß" ist auf Schloss Ribbeck ein Tabu. Überliefert ist der Satz von ihm, dass er „den dahergelaufenen Halunken nicht mit Heil Hitler grüßen" werde. Vielleicht glaubt er sich auf dem Land sicher und erlaubt sich als Rittergutsbesitzer diese deutliche Ablehnung. Doch sein Verhalten führt dazu, dass er von der Gestapo bespitzelt und schließlich auch verhaftet wird. Der Anlass ist eher banal, darin sind sich Historiker einig. Als im Frühjahr 1944 ein englisches Kampfflugzeug auf seinen Feldern notlandet, soll Hans-Georg von Ribbeck gegenüber einem Offizier der Wehrmacht wütend geworden sein, weil seine Felder von Schaulustigen zertrampelt werden. Das genügt, um ihn zu verhaften und ins KZ Sachsenhausen zu bringen. Von Ribbeck bleibt sich auch in der Haft treu, gilt als unbeugsam und stur. Selbst sein Sohn, der ihn zwei Mal besuchen darf, kann ihn nicht daran hindern, in aller Offenheit die Zustände im KZ anzuklagen und weiterhin über den nicht zu gewinnenden Krieg zu sprechen. Mitgefangene erinnern sich, ihn Mitte Januar 1945 zuletzt gesehen zu haben. Danach ist er verschollen. Es muss

angenommen werden, dass die SS ihn als unliebsamen Zeugen wenige Monate vor Kriegsende umgebracht hat. Spätere Nachforschungen der Familie bleiben erfolglos, so dass Hans-Georg von Ribbeck für tot erklärt wird.

Unstrittig ist, dass von Ribbeck ein Opfer des Faschismus war. Sein Widerstand war die aus seinem Standesempfinden heraus geborene und gepflegte Ablehnung all dessen, was nach der Monarchie kam. Auch wenn er in Kontakt mit konservativen Adeligen um Stauffenberg stand, schloss er sich nicht dem organisierten Widerstand an. Sicher war er Nazigegner und Antifaschist, auch wenn er kaum der gängigen Definition eines solchen entsprach, schon gar nicht der, die in der DDR propagiert und gepflegt wurde.

Schloss Ribbeck wird bereits 1943 von deutschen Behörden beschlagnahmt, um darin Dienststellen der IG Farben und der Luftwaffe unterzubringen. Nach der Verhaftung Hans-Georg von Ribbecks wird das Gut von seinem ehemaligen Rechnungsführer treuhänderisch verwaltet. Gut Bagow ist bereits seit Jahren verpachtet.

Während nach Ende des Krieges der älteste Sohn Henning als Verwalter des Gutes Ribbeck eingesetzt wird, bereitet die SMAD die Enteignung der Großgrundbesitzer, Nazis und Kriegsverbrecher vor, um „den verderblichen Einfluss der Junker auf die Geschicke Deutschlands" zu unterbinden, wie es Otto Grotewohl im September 1945 auf einer Kundgebung der

lingsausbildungsbetrieb anerkannt wird.

Es sieht so aus, als ob von Ribbeck eine neue Existenz aufbauen und in seiner Heimat bleiben kann. Es trifft ihn deshalb hart, als die SMAD 1947 dann doch die endgültige Ausweisung aller noch in Brandenburg lebenden ehemaligen Gutsbesitzer beschließt. Der Befehl 6080 sieht vor, die betreffenden Personen mindestens 50 Kilometer von ihrem früheren Besitz entfernt unterzubringen. Zunächst glaubt die Provinzial-

Berliner Sozialdemokratie formuliert. Der Enteignung schließt sich die Bodenreform an, die in Ribbeck am 7. Oktober 1945 mit einem Dorffest eingeleitet wird. Ungeklärt bleibt bis dahin, was mit den Nachkommen von Antifaschisten und Opfern der Nationalsozialisten geschehen soll, deren Güter in der Regel während der NS-Zeit enteignet wurden. Henning von Ribbeck kämpft erfolgreich um Anerkennung als Opfer des Faschismus und eine Ausnahmeregelung. Schließlich darf er in Ribbeck bleiben und rund 25 Hektar Ackerland aus dem früheren Familienbesitz bewirtschaften. Das gelingt ihm zusammen mit seiner Frau äußerst erfolgreich, so dass sein Hof zwei Jahre später als Lehr-

behörde, dass dieser Befehl nicht für anerkannte Nazigegner gilt und setzt sich noch einmal für Ribbeck ein. Ein Zusatzbefehl aber verlangt unmissverständlich die sofortige Ausweisung. Hennig von Ribbeck muss mit seiner Familie innerhalb von 48 Stunden sein Gut verlassen. Zuvor muss er für das ihm zugewiesene Bodenreformland eine Verzichtserklärung unterschreiben, nur die Mitnahme von Gegenständen aus der Wohneinrichtung wird ihm gestattet. „Die Beschlagnahme des toten und lebenden Inventars", so lautet der Befehl, „findet auch hier Anwendung." Für einen weiteren Neuanfang fehlen Ribbeck Kraft und finanzielle Mittel. Deswegen geht er nicht, wie zugewiesen, in die

Prignitz, sondern zunächst nach West-Berlin. Dann übernimmt er die Verwaltung einer Fürstlich-Hohenzollernschen Domäne nahe Sigmaringen und zieht später nach Hessen.

Warum die endgültige Vertreibung der ehemaligen Gutsbesitzer durch die SMAD mit dieser Härte durchgesetzt wurde, kann bis heute nicht abschließend beantwortet werden. Es ist anzunehmen, dass sich hier der Beginn des Kalten Krieges und die Verschärfung des Klassenkampfes spiegelten. Für die landwirtschaftliche Entwicklung in der Sowjetischen Besatzungszone und späteren DDR ist diese zweite Vertreibung ein Verlust, gehen doch nicht nur aufbauwillige und integrationsbereite Familien, sondern auch Fachleute, die dringend gebraucht werden.

Friedrich-Carl von Ribbeck wächst mit den Geschichten über die Heimat seiner Vorfahren auf. An manches erinnert er sich selbst, anderes wird durch die Erzählungen seiner Eltern wach gehalten. Landwirtschaft interessiert ihn nicht, es ist ja auch kein Land da, das er bewirtschaften könnte. Er absolviert ein Studium der Volkswirtschaft, pendelt zwischen West-Berlin, Bayern und Hessen und lebt und arbeitet schließlich in Frankfurt am Main.

Sein Vater hat immer darauf gehofft, dass eines Tages die Mauer fällt und eine Rückkehr ins Havelland möglich wird. „Ich bin mit dem Marschbefehl meiner Familie groß geworden," sagt Friedrich-Carl von Ribbeck und er sagt es so, dass an Widerspruch nicht zu denken ist.

Sein Leben nach der Wiedervereinigung lässt sich in zwei große Kapitel einteilen: in die Zeit bis 1999 und die Jahre danach. Nach dem Mauerfall sind er und seine Familie sicher, dass sie Anspruch auf Restitution haben. Und zunächst sieht es auch danach aus. Den Bescheid vom Landesamt zur Regelung offener Vermögensfragen (LARoV) mit dem entscheidenden Satz „... beabsichtigt zurückzugeben" bekommt er, nachdem er den Anspruch angemeldet hat. Doch der Landkreis erhebt Einspruch und erwirkt einen neuen Bescheid, diesmal mit dem Passus „keine Rückgabe".

Von Ribbeck macht eine Pause, bevor er weiterspricht. „Und dann ist mein Kämpfergeist wach geworden," sagt er schließlich und dass er sich einen Anwalt genommen hat. Vor dem Verwaltungsgericht verlangt er auf der Grundlage des Vermögensgesetzes §1, Absatz 6 eine Rückübertragung oder Entschädigung, da sein Großvater „... aus rassischen, politischen, religiösen oder weltanschaulichen Gründen verfolgt wurde und deshalb sein Vermögen infolge von Zwangsverkäufen, Enteignungen oder auf andere Weise verloren hat...". Entscheidend für den Ausgang des Rechtsstreits ist der Zeitpunkt der Enteignung. Wurden die von Ribbecks erst während der Bodenreform enteignet, haben sie keinen Anspruch auf Rückübertragung. Im Grundbuch aber ist kein Eintrag der früheren Enteignung zu finden. Dass Hans von Ribbeck mit seiner Inhaftierung auch die Verfügungsgewalt über sein Gut verloren hat, ist strittig und kann im Verlauf des Prozesses weder bewiesen noch entkräftet werden. Aber von Ribbeck will nicht

Auseinandersetzung, sondern auch als Befreiung. Er kann mit einer „Tasche voller Geld" etwas Neues beginnen. „Die Summe war anständig," sagt er, ohne eine genaue Zahl zu nennen. Er zahlt den Onkel aus und von seinem Anteil je ein Drittel an seine Geschwister.

Schon vor dem Vergleich ist Friedrich-Carl nach Ribbeck umgezogen und hat für sich und seine Frau ein geräumiges Wohnhaus an der Stelle des ehemaligen Reit- und Kutschstalls gebaut. Es liegt genau gegenüber vom Schloss, nur getrennt vom Familienfriedhof, so dass die Ribbecks das Schloss von Küche und Wohnzimmer aus sehen können. Fast scheint es, als habe er diese Blickrichtung bewusst gewählt, gerade so, als wolle er sich ständig daran erinnern, dass es seine Pflicht sei, sich um das Erbe zu kümmern und an die Familientradition anzuknüpfen. „Ja", sagt er dann auch, „das war wohl zu Anfang so. Inzwischen habe ich meinen Frieden gemacht und kann ganz unbefangen zu dem Schloss hinüberschauen." Manchmal denke er auch, dass es doch angenehm sei, dass nicht er, sondern der Landkreis sich jetzt um alles kümmern müsse. Und

aufgeben. Erst der Hinweis des Richters, dass der Prozess sehr lange und sehr teuer werden könnte, lässt die Parteien dem Vergleich zustimmen. Die BVVG darf Land und Wald verkaufen, das Schloss bleibt Eigentum des Landkreises. Die von Ribbecks bekommen eine Entschädigung, die auf der Grundlage des Bundesgesetzes zur Entschädigung für Opfer der NS-Verfolgung auf der Basis des Einheitswertes von 1935 berechnet wird „... und damit keineswegs dem Zeitwert entspricht, den die Gebäude samt Grund und Boden 1935 hatten", macht Friedrich-Carl deutlich.

Heute bezeichnet er den Vergleich nicht nur als Schlusspunkt einer langen und Kräfte zehrenden

schön sei es zweifellos geworden, viel schöner, als er es in Erinnerung hatte. Nach dem Krieg wurde das Schloss zwar nicht abgerissen, aber baulich verändert, sowohl das Wappen der Ribbecks als auch andere schmückende Details entfernt und ein Aufzug angebaut, bevor in den 1950-er Jahren ein Alten- und Pflegeheim eingerichtet wurde. Der Landkreis ließ es bis 2009 für mehr als 5 Millionen Euro instand setzen und renovieren und brachte darin ein Fontane-Museum, einen Saal für Veranstaltungen, ein Restaurant und ein Hochzeitszimmer unter.

Ribbeck ist ein ironischer, manchmal auch deftiger Erzähler, der die Pointen lange auszukosten weiß. Gerne beginnt er seine Antworten mit „Dazu fällt mir folgende Geschichte ein…", um sie dann mit der Routine eines alten Schauspielers zu erzählen. Aus Beobachtungen und Begegnungen werden Erinnerungen, die mal amüsant, dann wieder bitterernst sein können. Es gibt Geschichten, die schon ein wenig abgenutzt sind, weil sie so oft erzählt wurden, oder andere, die nach langer Zeit wieder aus dem Gedächtnis hervorgeholt werden. Und es gibt Geschichten, die keinen Schluss haben, die einfach aufhören. So wie Ribbeck seine Stimme in der Schwebe lässt, schweben auch die Geschichten durch den großen Raum mit den alten Möbeln und warten darauf, dass der Zuhörer sie zu Ende denkt.

Wie zum Beispiel die von der Reise in die DDR, wo er Trudchen Wilke besuchte, die Tochter des früheren Gastwirts „Zum Birnbaum". Friedrich-Carl ging bei ihr vorbei, als er nach Jahrzehnten das erste Mal wieder nach Ribbeck kam, sich an die Dorfkneipe erinnerte und an Trudchen, die früher eine hübsche, zierliche Person war und verrückt genug, mit seinem Vater und Onkel auf dem Motorrad um die Wette zu fahren. Als sie ihm öffnete, sah sie ihn an und sagte nur: „Achjottachjott – der junge Herr…"

Sein neuer Lebensabschnitt beginnt im Jahr 2000. Er wendet sich jetzt ganz und gar der Birne zu. Zunächst kommt er auf die Idee mit dem Essig. Wer eine der schlanken Flaschen mit Birnen-Essig kauft, bekommt das Gedicht von Theodor Fontane über Herrn von Ribbeck gratis dazu. Nicht nur er, auch andere Zugezogene und Alteingesessene entdecken das Potential der Birne. Langsam wandelt sich die zunächst ablehnende Haltung im Dorf und die große Vermarktung beginnt.

Ob er Birnen mag? „Natürlich!" Mit leichtem Erstaunen beantwortet von Ribbeck diese, in seinen Augen sicher überflüssige Frage. Statt auf den feinen Geschmack oder das unvergleichliche Aroma hinzuweisen, erzählt er lieber die nächste Geschichte. Schon vor vielen Jahren hat er sich gefragt, um welche Sorte es sich gehandelt haben könnte, die der alte Herr von Ribbeck so großzügig verschenkte. Das Gedicht gibt nur wenige Anhaltspunkte. Fontanes Birnen „leuchten weit und breit" – aber ohne Geschmack-, Farb- und Größenangabe. Dabei kann nur ein Pomologe helfen. Es ist Artur Steinhauser aus Bayern, den Ribbeck mit dieser historisch interessan-

hatten. Sie müssen robust und süß gewesen sein und deshalb zu damaliger Zeit besonders begehrt. Inzwischen haben Steinhauser und Ribbeck „mit großer Wahrscheinlichkeit" in der 'Römischen Schmalzbirne', der 'Blutbirne' oder der 'Petersbirne' die Fontane-Ribbeck-Sorten gefunden, die mit dem Gedicht zu Weltruhm gelangten. Seit einigen Jahren können Touristen ein kleines Birnbäumchen dieser Sorten kaufen und sich damit ein Stück Literatur in den heimischen Garten pflanzen.

Die andere Frage ist dagegen nicht so leicht zu klären. Ist es möglich, dass ein Birnensprössling aus dem Sarg herauswachsen und sich zu einem veritablen Birnbaum neben der Kirche entwickeln konnte? Im Prinzip schon, meint Friedrich-Carl, wobei es einfacher gewesen wäre, wenn der alte Herr von Ribbeck gleich neben der Kirche und nicht in der Kirche, in der Gruft der Ahnen seine letzte Ruhe gefunden hätte. Doch ist zu bedenken, dass zur Entstehungszeit des Gedichtes die Gräber rund um das Gotteshaus angeordnet waren. Den Touristen dürfte das egal sein. Immer mehr finden sich in dem kleinen Dorf ein und suchen mit dem Reiseführer in der Hand nach dem berühmten Birnbaum. Den hat 1911 ein Sturm gefällt; der eisenumringte Baumstumpf hat die Jahre überdauert und ist jetzt in der Kirche zu bewundern. Längst ist ein neuer Birnbaum an selbiger Stelle gepflanzt worden. Genau gesagt, ist es bereits der vierte Nachfolger, doch das beeinträchtigt nicht die andächtige Freude, mit der er betrachtet wird.

ten Aufgabe konfrontiert. Ein längeres Ausschlussverfahren beginnt. Während es heute weltweit mehr als 5.000 Birnensorten gibt, waren es zu Lebzeiten des alten Herrn von Ribbeck nur wenige Sorten, die die Kleine Eiszeit im 15. Jahrhundert überstanden

Nicht allen ist bewusst, dass der „Herr von Ribbeck auf Ribbeck im Havelland" keine literarische Figur ist, sondern einst wirklich hier lebte und Gutes tat. Umso verblüffter reagieren dann Gäste, wenn sich im Gespräch herausstellt, dass sie gerade einem leibhaftigen Ur-Urenkel gegenüberstehen. Eine Geschichte handelt von so einer Begegnung: Ein älteres Ehepaar kam mit Friedrich-Carl ins Gespräch, als dieser gerade die Grabstellen auf dem Familienfriedhof vom Unkraut befreite. Angesichts der vielen adligen Toten fühlte sich der Reisende aus dem Saarland wohl animiert, dem vermeintlichen Friedhofsgärtner zu erklären, wie gut es doch sei, dass man den Adligen im Osten nichts zurückgegeben habe, denn mit denen würde gewiss die Leibeigenschaft wieder eingeführt werden! Friedrich-Carl stellte sich nach diesen Ausführungen mit seinem vollen Namen vor und erklärte, dass er die Reitpeitsche gerade nicht dabei hätte, um das Gesinde auf dem Feld anzutreiben.

Die Gutsbrennerei war bis 1945 ebenfalls im Besitz der Familie von Ribbeck. Wie in der Gegend üblich, wurde hier aus Kartoffeln und Getreide Schnaps gebrannt; pro Jahr immerhin 114.000 Liter. Lange stand die Brennerei leer, dem imposanten Zweckbau aus roten Klinkern drohte der Verfall. Erst 2004 erkundigte sich von Ribbeck, ob er die Brennerei denn kaufen könne und handelte die zunächst genannte Summe im „hohen sechsstelligen Bereich" auf einen für ihn akzeptablen Preis im „niedrigen fünfstelligen Bereich"

herunter. Durch Aus- und Umbau sind jetzt nicht nur Räume für die Essigproduktion, die Abfüllung und den Verkauf entstanden, sondern auch ein großer Saal, der für Feste angemietet werden kann.

Wer die Alte Brennerei heute betritt, steht zuerst vor einem historischen Apothekerschrank, in dem alle nur denkbaren Sorten von Birnenessig, Birnenbalsam, Birnenlikör und Edelbrand aus Birnen aufs Schönste präsentiert werden. Hier ist auch der Arbeitsplatz von Frau Steigenberger, die gerade „Königin Luise Birnenessig-Aperitif mit Holunderblüten" in schlanke Flaschen füllt, sie verkorkt und etikettiert und zum Schluss in den ziegelroten, wie heißer Pudding vor sich hinblubbernden Siegellack taucht, um ihnen danach den Familienstempel aufzudrücken. Mit diesem Echtheitszertifikat geadelt, findet der edle Essig seine Liebhaber. Dennoch, so erklärt von Ribbeck, ist die Essigproduktion noch immer Hobby und Liebhaberei, eine Familie kann davon nicht leben. Auch deshalb entschloss sich sein Sohn nach intensiver Aufbauhilfe wieder nach München zurückzukehren, wo er mit seiner Familie lebt und als Heilpraktiker arbeitet.

Derzeit verarbeitet Friedrich-Carl von Ribbeck rund vier Tonnen Birnen pro Jahr. Er bezieht sie aus dem brandenburgischen Perleberg und ist gut eine Woche im Herbst mit dem Schnitzeln und der Saftherstellung beschäftigt, bevor dann der Essig in großen Fässern heranreift. Die genauen Rezepturen für die verschiedenen Geschmacksrichtungen sind natürlich Betriebs-

den allerdings hat der Feinschmecker über den traditionsbewussten Havelländer gesiegt. Sein Lieferant ist ein Betrieb aus dem Elsass, der wiederum Birnen aus Südfrankreich verarbeitet, denn: „Die sind im Geschmack nun mal die besten!"

„Wenn mir einer vor 25 Jahren gesagt hätte, dass ich jetzt Birnenessig produzieren würde, ich hätte ihn ausgelacht," sagt er zum Abschluss. Inzwischen ist er angekommen in Ribbeck, auch wenn es lange gedauert hat, hierher zurückzukehren. Doch wüsste er keine Alternative, denn nirgendwo zuvor habe er sich wirklich zu Hause gefühlt.

Eines ist ihm in dem Fontane-Gedicht noch aufgefallen, als er darüber nachdachte, warum sich einer eine Birne ins Grab legen lässt und darauf vertraut, dass sie keimen und wachsen werde, ganz gegen alle Vernunft. Und deshalb hat er sich wie ein Deutschlehrer vor seinen Schülern die Frage gestellt: „Was wollte uns der Dichter damit sagen?" Die Antwort, die er vor Jahren fand, ist inzwischen zu seiner Lebensmaxime geworden: „Habt Vertrauen, auch schier unlösbare Probleme lassen sich lösen Manche Lösungen dauern vielleicht ein wenig, aber habt Vertrauen, denn es gibt immer eine Lösung." Und so verknüpft Friedrich-Carl seine eigene Geschichte mit der des alten Herrn von Ribbeck auf Ribbeck im Havelland.

geheimnis. Im Moment produziert er rund 3.000 Liter Essig, Tendenz steigend. Noch in diesem Jahr will Friedrich-Carl eine neue Sorte kreieren: Künftig soll die Birne auch mit Sanddorn eine innig-säuerliche Gemeinschaft eingehen. Bei den Likören und Edelbrän-

Uckermark

Chronik zur Geschichte des Adels in Brandenburg

Zusammengestellt von Dr. Werner Künzel unter Mitarbeit von Katrin Schulze

12. /13. Jh. – Frühe Wurzeln

Schon unter den Askaniern hat sich eine adlige Oberschicht etabliert, der „schlossgesessene Adel" mit eigenen Burgen wie die Rochows, Bredows und Gröben in der Mittelmark, die Edlen Gans von Putlitz und die Quitzows in der Prignitz, die Greifenbergs und Blankenburgs in der Uckermark. Die mächtigsten unter ihnen besitzen sogar kleine Städte; so gehört Golzow in der Zauche zum Herrschaftsbereich der Rochows und Friesack im Havelland zu dem der Bredows. Angesichts der desolaten Herrschaftsverhältnisse im Innern erreichen die großen Adelsgeschlechter eine Machtstellung, die an Souveränität grenzt und vielfach in grobem Machtmissbrauch ausufert. Raubritter ziehen durch das Land. Sie halten markgräfliche Burgen besetzt, erheben Anspruch auf deren Einnahmen und bedrohen von dort aus die Handelswege.

Anfang des 16. Jh. haben sich die führenden Adelsfamilien im kurfürstlichen Machtgefüge etabliert. Unter ihnen hat sich die Erkenntnis durchgesetzt, dass der Dienst für den Landesherrn mit politischem Einfluss und Vermögenszuwachs verbunden ist. Sie nehmen hohe weltliche und kirchliche Ämter ein und lösen dabei die anfangs dominierenden Amtsträger ab, die mit den ersten Hohenzollern aus Franken gekommen waren.

1157

Albrecht der Bär (um 1100-1170), aus dem Geschlecht der Askanier nennt sich erstmals Markgraf von Brandenburg. Es folgt die Ansiedlung von Rittersöhnen aus dem Westen, vor allem um das Militär zu stärken. Sie bekommen Land, um dem neuen Landesherrn zu dienen und ihn bei der Unterwerfung der Slawen und dem weiteren Landesausbau zu unterstützen. Den in die Mark gerufenen Adligen wird die Aufsicht über Burgen und neu geschaffene Siedlungen übertragen.
Die Askanier darunter Markgraf Otto I., Otto II., Albrecht II. und seine Söhne, die Markgrafen Johann I. und Otto III., dehnen in den folgenden 150 Jahren die Mark Brandenburg vom Havelland bis an die Oder aus und werben neue Adlige für die Besiedelung der Landstriche an. Sie bilden Adelsgüter und Ritterhöfe.

1204

Erste urkundliche Erwähnung der von Arnims. Sie sind an der Besiedelung der Uckermark maßgeblich beteiligt.

ca. 1210-1237

„Großer Zehntstreit" zwischen dem Bischof von Brandenburg und den askanischen Markgrafen. Sie versuchen, sich den an die Kirche zu leistenden Steueranteil anzueignen. Der Konflikt endet mit einem Kompromiss: Die Markgrafen dürfen den Steueranteil zum größten Teil behalten und geben ihn an ihre Adligen weiter. Die einstige kirchliche Abgabe wird ein Beitrag an die Grundherren, deren Macht weiter steigt. Sie verfügen über eine eigene Gerichtsbarkeit und sind nur dem Markgrafen unterstellt.

1237

Erste urkundliche Erwähnung der von Ribbecks. Ab 1375 sind sie Eigentümer eines Ritterhofes in Ribbeck.

1259

Erste urkundliche Erwähnung der von der Marwitz. Der gleichnamige Stammsitz der Familie liegt heute in Polen (Marwice) etwa 80 km nordöstlich von Frankfurt (Oder).

1319-1412

Der Tod Waldemars, letzter askanischer Markgraf, und der Streit um seine Nachfolge stürzt Brandenburg in eine schwere Krise. Zunächst werden ab 1324 die Wittelsbacher aus Bayern Lehnsherren der Mark. Diese verkaufen 1373 ihre Rechte an Kaiser Karl IV. (1316-1378), der von Prag aus regiert. Der Kaiser ist an der Mark jedoch nur als Einnahmequelle interessiert. Eine Übersicht aus seinem Landbuch über die Anzahl der ritterlichen Eigenwirtschaften belegt, dass sich die meisten in der Uckermark, im Havelland und im Barnim befinden. In dem bestehenden Machtvakuum wächst die Macht der Stände und des Adels, die sich Kaiser und Königen zunehmend widersetzen.

1412

Burggraf Friedrich von Hohenzollern (1371-1440) wird von König Sigismund (1368-1437) zum Hauptmann und Verweser der Mark eingesetzt. Er bekämpft massiv den rebellischen Adel und kann schließlich die innere Ordnung wieder herstellen.

1415

Friedrich wird als Friedrich I. von Brandenburg Markgraf und Kurfürst von Brandenburg. Die Herrschaft der Hohenzollern ist damit begründet. Schnell versucht er, Harmonie zwischen der kurfürstlichen Herrschaft und den Adelsfamilien herzustellen, was bis auf die Uckermark auch gelingt. Aus diesem Grund fördert Friedrich I. bislang weniger bedeutende Familien wie von Arnim und Sparr und bindet so auch eine Reihe von Adelshäusern in der Uckermark an die kurfürstliche Gewalt.

1441

Stölln und das Ländchen Rhinow gelangen in den Besitz der Familie von der Hagen.

1495

Auf dem Reichstag zu Worms wird ewiger Landfrieden verkündet, der auch das Verbot des Fehderechts einschließt. Ansprüche sollen nicht mehr durch Kampf, sondern auf dem Rechtsweg geltend gemacht werden. Der Beschluss muss oftmals gewaltsam durchgesetzt werden.

1500-1800 – Reformation, 30-jähriger Krieg, Absolutismus

Der Adel in Brandenburg profitiert weitestgehend von der Reformation vor allem durch die Enteignung der kirchlichen Güter. Der 30jährige Krieg ist für das Land und die Bevölkerung verheerend und doch geht der Adel gestärkt aus ihm hervor. Selbst unter absolutistischen Verhältnissen bleibt in den Kreisen eine begrenzte Adelsautonomie erhalten, die das Leben der Untertanen vor allem auf den Gebieten der Rechtspflege, des Polizeiwesens und der Bildung ordnet. Unter diesen Bedingungen kann sich in der Zeit des Absolutismus in Brandenburg mehr als in anderen Teilen des seit 1701 bestehenden preußischen Königreichs auch gegenüber der Monarchie ein adliges Standesbewusstsein erhalten und weiter entfalten.

Ein prägendes Element adligen Elitedenkens ist das Offizierskorps. Unter dem „Soldatenkönig" Friedrich Wilhelm I. und erst recht unter Friedrich II. formiert sich eine Militäraristokratie, die aus geleistetem Militärdienst ein Sozialprestige für sich ableitet, das über anderen Berufen steht. Das führt schließlich dazu, dass die Offizierslaufbahn als eine Standespflicht jeder Adelsfamilie begriffen wird. Ihren Verhaltenskodex leiten die Offiziere aus traditionellen adligen Ehrbegriffen ab. Das preußische Offizierskorps rekrutiert sich vor allem aus nachgeborenen Söhnen des niederen und weniger wohlhabenden Adels. 1739, ein Jahr vor dem Tod Friedrich-Wilhelm I. sind alle 34 preußischen Generäle von adliger Herkunft; von den 211 Stabsoffizieren stammen nur elf nicht aus dem Adelsstand. 1786, im Todesjahr seines Sohnes, Friedrichs II., ist nur etwa ein Zehntel der über 5.000 Offiziere nicht von Adel.

1517

Martin Luther (1483-1546) verfasst seine berühmten 95 Thesen zum Ablasshandel der katholischen Kirche und löst so ungewollt die Spaltung in Protestantismus und Katholizismus aus. Der brandenburgische Adel ist gegenüber den neuen humanistischen Ideen durchaus aufgeschlossen und nutzt die neue Glaubenslehre vielfach, um die zentrale Macht von Papst und Kaiser zurückzudrängen.

1540

Die Reformation hat weitreichende wirtschaftliche Folgen. Der Landtag berät die neue kurfürstliche Kirchenordnung, die die Säkularisierung regelt. Es wird über den Umfang der Übertragung der geistlichen Ländereien in weltlichen Besitz beraten. Ein Großteil des kirchlichen Eigentums geht an den Kurfürsten, aber auch der Adel profitiert vom Grundbesitz der aufgelösten Bistümer in Brandenburg, Havelberg und Lebus. Die Adelsherren übernehmen zusätzlich auch Verantwortung und sichern die weitere kirchliche Betreuung ihrer Untertanen.

1550

Obwohl der Kurfürst nun der bedeutendste Grundbesitzer in der Mark ist, bleibt seine Zentralmacht durch einen starken Landadel und die Macht der Städte eingeschränkt. Unterhalb des Hofes gibt es noch keine vollständige regionale Verwaltung. So zerfällt Brandenburg in gutsherrliche Gebiete des Adels, Ländereien des Kurfürsten und städtische Gebiete.

1604

Bildung des Geheimen Rates, der Amtskammer, des Kammergerichts und des lutherischen Konsistoriums, denen wichtige innere und allgemeine Verwaltungsaufgaben übertragen werden. Das Gremium hat beratende und in Abwesenheit des Kurfürsten auch beschließende Kompetenzen und wird damit zur zentralen Behörde Brandenburg-Preußens. Die Macht der Stände wird zurück gedrängt.

1605

Die brandenburgischen Kurfürsten üben die Herrschaft über das durch Erbfolge an sie gefallene Herzogtum Preußen aus. Ab 1618 werden das Herzogtum und die Mark Brandenburg in Personalunion als Brandenburg-Preußen regiert.

1618-1648

Zu Beginn des 30-jährigen Krieges ist Brandenburg-Preußen hoch verschuldet und verfügt über keine nennenswerten eigenen Truppen. Wegen seiner geografischen Lage ist es mehr als andere deutsche Territorien vom Krieg betroffen. Fast ständig wird es von fremden Truppen besetzt. Dänen, Kaiserliche Truppen, Schweden, Sachsen und ihre Verbündeten aus anderen Ländern marodieren und morden. Als der Westfälische Friede 1648 den Krieg beendet, herrschen in Brandenburg Not und Elend, seine Bevölkerung ist auf 50 Prozent des Vorkriegsstandes geschrumpft, in manchen Gebieten haben nur zehn Prozent der Bewohner überlebt. Auch Adlige gehören zu den Leidtragenden. Viele Schlösser sind verbrannt. Lediglich die Niederlausitz – 1635 durch den Prager Frieden an Sachsen gefallen – ist weniger stark betroffen. Die weit reichenden Befugnisse der in der Lausitz ansässigen Adligen werden von der neuen Obrigkeit nicht angetastet.

1648-1653

Der „Große Kurfürst" Friedrich Wilhelm (1620-1688) richtet seine Politik nach Kriegsende darauf aus, das ausgeblutete Land rasch wieder aufzubauen. Durch eine machtorientierte Außen- und Innenpolitik soll es vor einer ähnlichen Katastrophe bewahrt werden. Die Durchsetzung der dazu notwendigen politischen Entscheidungen, beschlossen im sogenannten Landtagsrezess von 1653, entwickelt zugleich den Absolutismus in Brandenburg weiter. Ein stehendes Heer soll in Zukunft den Schutz des Landes und der kurfürstlichen Macht garantieren. Personeller Kern dieses Heeres ist der Adel, der das Gros des Offizierskorps stellt. Die Machtstellung der adligen Gutsherren wird gestärkt, die der Stände auf ein Minimum eingeschränkt. Bauern werden mit starken Steuern belastet und zu Frondiensten verpflichtet, diejenigen die Leibeigene sind, bleiben es auch.

ab 1653

Im Zuge der Kriegsverluste frei gewordene Güter und Ländereien werden von den adligen Familien übernommen. Zunehmend können auch Stadtbürger Rittergüter und Grundbesitz erwerben, vor allem in der Uckermark wechseln Güter den Besitzer.

1672-1679

Holländischer und Schwedisch-Brandenburgischer Krieg. Das Heer der Adligen bewährt sich, die Schweden werden zurückgetrieben. Es bildet sich ein neues adliges Selbstbewusstsein heraus.

1701

Friedrich I. (1657-1713) wird erster König in Preußen. Die Mark Brandenburg liegt jetzt im Königreich Preußen.

1713-1740

Regentschaft des „Soldatenkönigs" Friedrich Wilhelm I. (1688-1740), der die Heeresstärke auf über 80.000 Mann erhöht. Er misstraut dem Landadel in Brandenburg und zweifelt an dessen Loyalität. Die Zahl der adligen Gutsherrschaften übertrifft die des Königs um das Doppelte. Er bindet die Adligen noch stärker in das Militär ein, vor allem dem verarmten Landadel bieten sich so neue Chancen.

1740

Friedrich II. „der Große" (1712-1786) wird preußischer König. Er sichert dem Adel, aus dem er notwendige Führungskräfte rekrutiert, Besitz und Standesrechte, wozu die Gerichtsbarkeit des Grundherrn gegenüber seinen Hintersassen (Landleute, die keine geschlossenen Güter besitzen), die Polizeigewalt und das Kirchenpatronat gehören. Gleichzeitig verhindert er, dass seine adligen Offiziere Bürgerliche heiraten und wohlhabende Bürgerliche in den Adelsstand erhoben werden oder überschuldete Rittergüter erwerben.
Die adligen Familien verzweigen sich stark. Es kommt zu einem Missverhältnis zwischen Adelsfamilien und Rittergütern, die diese ernähren sollen. Friedrich II. versucht, durch Erbrechtsteilungen Einfluss darauf zu nehmen, dass weniger Adlige verarmen. Erbaufteilungen sind wegen des unfruchtbaren Bodens unwirtschaftlich und deshalb untersagt. Es gibt nur einen Haupterben, die Geschwister müssen ausbezahlt werden. Die Aufnahme bürgerlicher Berufe in Handel oder Gewerbe ist mit der Standesauffassung noch nicht vereinbar.

1756-1763

Der Siebenjährige Krieg ist sehr verlustreich. In ihm kämpfen u. a. Preußen, Russland und Österreich um die Herrschaft in Mitteleuropa. Der Adel dominiert das Offizierskorps.

1772

Gutsherr Friedrich Eberhard von Rochow, eröffnet die erste Dorfschule im mittelmärkischen Reckahn. Sie wird zum Vorbild für Schulreformer aus ganz Deutschland.

1776

Rochow veröffentlicht sein Lesebuch „Der Kinderfreund". Der aufgeschlossene Gutsherr mit revolutionären Reformideen setzt sich für eine alltagsbezogene Wissensvermittlung, Verbesserung der Lehrerbildung, Abschaffung der Prügelstrafe und Angleichung des rückständischen ländlichen Schulwesens an das städtische ein. Bildung ist so auch für Bauern möglich.

1806-1918 – Preußische Reformen, Kaiserreich und Erster Weltkrieg

Der verlorene Krieg gegen Napoleon 1806 und der Tilsiter Frieden ist für die meisten Adligen mit einem herben materiellen Einschnitt verbunden. Vielen Gütern werden neben den Lasten der Einquartierung hohe Kriegssteuern auferlegt, die ihre Besitzer sogar zum Verkauf zwingen. Nach dieser Niederlage gegen Napoleon setzt sich allgemein die Einsicht durch, dass nur ein modernes Preußen Aussicht hat, die französische Fremdherrschaft abzuschütteln und künftigen, politischen und wirtschaftlichen Anforderungen zu entsprechen. Die Reformen erstrecken sich über das Verwaltungs-, Bildungs-, Agrar- und Militärwesen des Staates. Zwar gibt es bei den meisten Adligen noch immer Vorbehalte dagegen, andere haben schon vorher Modernisierungsideen entwickelt. Die Reformen sind für Friedrich August von der Marwitz ein „Krieg der Besitzlosen gegen das Eigentum", ein „krasser Materialismus gegen die von Gott eingeführte Ordnung". Wie viele adlige Grundbesitzer befürchtet er, dass das aufstrebende, finanzstarke Bürgertum durch Ankauf von Grundeigentum den Adel aus ihren angestammten Besitztümern verdrängen könnte. Jedoch geht der Adel als Nutznießer aus dem Reformwerk hervor. Während sich manche Bauern verschulden, um Land zu erwerben oder die Geldablösungen aufzubringen, können viele Gutsbesitzer ihre Ländereien vergrößern.

Nach den Reformen bleibt den Gutsherren neben der ökonomischen auch die politische Überlegenheit. Sie üben weiterhin die Patrimonialgerichtsbarkeit und die lokale Polizeihoheit aus sowie das Schul- und Kirchenpatronat, mit der Befugnis, die Pfarrer und Lehrer auszuwählen. Erst mit der Revolution von 1848/49 fallen diese adligen Privilegien. 1853 verfügen Großgrundbesitzer über fast 30 Prozent des Ackerlandes. Einzige Konkurrenz ist das aufstrebende Bürgertum. 1857 gibt es im Regierungsbezirk Potsdam 216 bürgerliche gegenüber 372 adligen Gütern; im Regierungsbezirk Frankfurt ist fast ein Gleichstand zwischen den 400 adligen und 372 bürgerlichen Gütern erreicht. In den Kreisen Niederbarnim und Teltow nahe Berlin überwiegen die bürgerlichen Herrschaftssitze. Zudem werden zunehmend verdiente Bürgerliche geadelt. Allein unter der Herrschaft von Kaiser Wilhelm II. gibt es 739 Erhebungen in den Adelsstand. Der neue „bürgerliche Adel" treibt zusammen mit dem alteingesessenen Landadel die Entwicklung der Landwirtschaft voran und legt so eine Grundlage für die Industrialisierung Preußens. Auf die kurze Blütezeit folgt die Katastrophe des Ersten Weltkrieges. Das Land ist verwüstet, viele Adlige kehren nicht von den Schlachtfeldern zurück. Die Privilegien des Adels enden mit der Abdankung des Kaisers und der Abschaffung der Monarchie in Deutschland.

1806

Am 14. Oktober verliert Preußen mit hohen Verlusten die Doppel-Schlacht bei Jena und Auerstedt gegen die französischen Truppen. Napoleon Bonaparte (1769-1821) besetzt Berlin, König Friedrich Wilhelm III. (1770-1840) flieht mit seiner Frau Luise (1776-1810) nach Ostpreußen. Französische Soldaten werden auf brandenburgischen Gütern untergebracht.

1807

Im Frieden von Tilsit wird das Gebiet Preußens und die Anzahl seiner Untertanen um die Hälfte reduziert. Zusätzlich verlangt Napoleon hohe Kriegssteuern.

1807-1819

Preußen versucht, durch umfassende Verwaltungs-, Militär-, Agrar- und Bildungsreformen den Staat zu modernisieren und die innere Stabilität wieder herzustellen. Heinrich Friedrich Karl Reichsfreiherr vom und zum Stein (1757-1831) und sein Nachfolger Staatskanzler Karl August Fürst von Hardenberg (1750-1722) entwerfen die preußischen Reformen und setzen sie auch gegen den Widerstand des Adels durch.

1807

Mit dem Oktoberedikt werden 1807 die Leibeigenschaft und Erbuntertänigkeit der Bauern aufgehoben und die Freiheit der Berufswahl eingeführt. Es beginnt die Umstrukturierung der Landwirtschaft. Jeder Adlige, Bürger und Bauer darf von nun an Boden kaufen, Boden frei teilen und sich verschulden. Mit dem Regulierungsedikt von 1811 werden alle Bauern Eigentümer der Höfe, die sie bewirtschaften. Es müssen jedoch hohe Ausgleichzahlungen an die ehemaligen Besitzer entrichtet oder die Hälfte des Landes an sie abgegeben werden. Die Durchsetzung der Regelungen dauert mit einigen Nachbesserungen bis 1816 an. Einer der stärksten Widersacher war Friedrich August von der Marwitz (1777-1837) ausFriedersdorf.

1848-1849

Märzrevolution – verschiedene bürgerlich-demokratische Unabhängigkeitsbewegungen versuchen, einen demokratisch verfassten, einheitlichen deutschen Nationalstaat zu schaffen. Die Proteste richten sich vor allem gegen die Monarchie und die Herrschaftsprivilegien des Adels. Im ganzen Land kommt es zu Aufständen. Sie werden mit militärischer Gewalt niedergeschlagen.

Auf dem Land drohen die Bauern mit Leistungsverweigerungen. Sie fordern die Aufhebung der adligen Gerichtshoheit. In Lübbenau verweigern 28 Dörfer Abgaben an ihren Standesherrn Hermann Rochus Graf zu Lynar. Als er auf deren Entrichtung beharrt, wird sein Schloss angegriffen. Im Zuge der Proteste werden die adligen Jagdrechte, die Patrimonialgerichtsbarkeit (die durch den Gutsherren ausgeübte niedere Gerichtsbarkeit) und vorübergehend auch die gutsherrliche Polizeigewalt beseitigt.

1850

Die „Verfassungsurkunde für den Preußischen Staat" von 1850 enthält die Aussage: „Alle Preußen sind vor dem Gesetz gleich. Standesvorrechte finden nicht statt." Den realen politischen Verhältnissen entspricht das nicht – die Verfassung enthält ebenfalls das Dreiklassenwahlrecht. Frauen dürfen gar nicht wählen.

ab 1850

Im Zuge der Agrarreformen erlebt Brandenburgs Landwirtschaft einen enormen Rationalisierungs-, Modernisierungs- und Wachstumsschub. Viele adlige Besitzer gehen dazu über, die auf ihren Gütern erzeugten Produkte an Ort und Stelle zu verarbeiten und industriell zu produzieren. Zuckerfabriken, Schnapsbrennereien, Stärkemehl- und andere Fabriken entstehen. Adlige Gutsbesitzer werden zu landwirtschaftlichen Unternehmern. Es entsteht ein von Großgrundbesitzern und Großbauern dominiertes Vereins- und Weiterbildungswesen.

18.1.1871

In Versailles Gründung des Deutschen Reiches und Krönung des Preußischen Königs Wilhelm I. (1797-1888) zum Deutschen Kaiser. Im Reich besitzt Preußen als größter Teilstaat eine Vormachtstellung, die in der Verfassung des Deutschen Reiches verankert ist.

1872

Die Kreisordnung für die östlichen Provinzen (Brandenburg, Posen, Schlesien, Preußen, Sachsen und Pommern) hebt die Polizeigewalt der Gutsherren endgültig auf. Gleichzeitig erweitert sie die Befugnisse der Landräte, die fast ausschließlich adlige Grundbesitzer sind. Adligen und Kirchen wird die Aufsicht über die Schulen entzogen und in staatliche Hand gelegt. Erst 1889 werden die Verwaltungsgesetze auch auf die westlichen Provinzen ausgedehnt.

1874

In Berlin gründen 30 grundbesitzende Adlige aus den preußischen Provinzen, u. a. auch aus Brandenburg, die Deutsche Adelsgenossenschaft. Sie wird die größte Vereinigung deutscher Adliger im Deutschen Reich und als konservatives Gegengewicht von der Reichsregierung gefördert.

1876

In Petkus im Niederen Fläming baut Ferdinand von Lochow einen modernen und an den Brandenburger Bedingungen orientierten landwirtschaftlichen Musterbetrieb auf. Das gezüchtete Saatgut für Roggen und Hafer wird deutschlandweit verkauft.

1899-1901

Das preußische Abgeordnetenhaus, das durch seine Wahl nach dem Dreiklassenwahlrecht mehrheitlich die Interessen von Adel und Großgrundbesitzern vertritt, blockiert Pläne zum Bau des Mittellandkanals, aus Angst vor der Einfuhr von billigem Getreide aus Übersee.

1914-1918

Der Erste Weltkrieg bringt tiefgreifende Veränderungen für den preußischen Adel. Fast ein Viertel der adligen Offiziere fällt im

Krieg, die Zahl der adligen Witwen und Waisen ist hoch. Die Böden sind ausgelaugt und bringen geringe Erträge, der Viehbestand ist drastisch reduziert.

29.10.1918
Die Meuterei der Matrosen in Wilhelmshaven und Kiel löst die sog. Novemberrevolution aus, Arbeiter- und Soldatenräte übernehmen die Macht, die Fürsten im gesamten Deutschen Reich danken ab, ihr Vermögen wird beschlagnahmt, jedoch nicht enteignet. Der Krieg endet am 11. November mit der Unterzeichnung eines Waffenstillstands.

9.11.1918
Reichskanzler Prinz Max von Baden (1867-1929) verkündet die Abdankung des Kaisers. In Berlin ruft Phillip Scheidemann (1865-1939) die Republik aus. Das Deutsche Reich wandelt sich in den folgenden Monaten von einer konstitutionellen Monarchie in eine parlamentarisch-demokratische Republik.

12.11.1918
Der letzte Adelstitel wird in Deutschland auf Antrag des Fürsten Christian Kraft zu Hohenlohe-Öhringen, einem erblichen Mitglied des preußischen Herrenhauses, an den Geheimrat Kurt von Kleefeld verliehen.

24.11.1918
Die Deutschnationale Volkspartei (DNVP) wird gegründet und vereinigt die konservativen Parteien des Kaiserreichs. Sie vertritt die Interessen der Eliten: Adel, Beamtentum, Offizierskorps und gehobenes Bürgertum. Starken Rückhalt findet die Partei in der protestantischen Kirche, bei den ostelbischen Landwirten sowie bei den militanten Vaterländischen Verbänden.

28.11.1918
Der letzte deutsche Kaiser, Wilhelm II. (1859-1941), dankt offiziell ab. Er ist schon im Exil in Holland, 59 Güterwaggons mit Möbeln, Kunstwerken und persönlichen Gegenständen werden ihm und seinem verbliebenen Hofstaat nachgeschickt. Der Besitz der Hohenzollern wird enteignet, darunter rund 70 Schlösser.

1918-1932 – Weimarer Republik

Die Folgen des Ersten Weltkrieges bestimmen die Jahre der ersten deutschen parlamentarischen Republik. Millionen sind gefallen und Preußen wird als Freistaat in den Reichsverband integriert. Die meisten Adligen stehen der Weimarer Republik distanziert gegenüber. Sie bleiben in der Mehrzahl Anhänger der Monarchie, obwohl sich eine große Anzahl politisch in der DNVP engagiert. Nach Abschaffung der Adelsprivilegien durch die Weimarer Verfassung wird die Unterscheidung zwischen historisch berechtigten Namensträgern und solchen, die durch Adoption einen adeligen Namen erlangt haben, schwierig. Adlige, die der Deutschen Adelsgenossenschaft beitreten wollen, müssen ihre Herkunft nachweisen, sogar in Form von „Ariernachweisen".

Zum Verlust der Privilegien kommt die Sorge um die Zukunft. Eine große Zahl ehemaliger Offiziere verliert durch die Umstrukturierung der Armee ihre Existenzgrundlage, Gutsbesitzer sind von Enteignungen bedroht. Viele Landwirte müssen in den 1920-er Jahren Kredite aufnehmen, um dem Preisdruck der ausländischen Konkurrenz Stand zu halten und moderne Maschinen anschaffen zu können. Brandenburg bleibt bei der Mechanisierung und Technisierung der Landwirtschaft hinter anderen Regionen im Reich zurück. Reichspräsident Paul von Hindenburg, selbst ostelbischer Grundbesitzer, unterstützt die Landadligen mit Steuererleichterungen, Subventionen und Krediten. Die hohen Zinsen führen jedoch zu Verschuldungen. Soziale Konflikte erfassen zum Ende der Republik zunehmend die ländlichen Regionen. Diese existentiellen Probleme lassen manche Betroffene auf eine Verbesserung der persönlichen Lage nach der Machtergreifung durch die Nationalsozialisten hoffen.

28.6.1919
Außenminister Hermann Müller (1867-1931), SPD, und Verkehrsminister Johannes Bell (1868-1949), Zentrum, unterzeichnen unter Protest den Vertrag von Versailles, den Friedensvertrag mit Deutschland. Er begrenzt das deutsche Heer auf 100.000

Mann, das Offizierskorps auf 4.000. Von 10.000 Offizieren der kaiserlichen Armee kommen nur 900 in der neuen Reichswehr unter. Viele Offiziere verweigern die Entwaffnung und organisieren sich in sogenannten Freikorps. Auch die Auflösung der Kadettenschulen trifft die adligen Familien hart, denn sie sicherten bisher ihre zum Offizier bestimmten Söhne sozial ab.

14.8.1919

Mit dem Inkrafttreten der Weimarer Reichsverfassung werden alle Vorrechte des Adels abgeschafft. Nach Artikel 109 werden alle Bürger vor dem Gesetz gleichgestellt, die Vorrechte der Geburt, des Geschlechtes, des Standes, der Klasse und des Bekenntnisses werden aufgehoben. Adelsbezeichnungen gelten nur noch als Teil des Namens und dürfen nicht mehr verliehen werden.

23.6.1920

Die preußische Landesversammlung verabschiedet das Preußische Gesetz über die Aufhebung der Standesvorrechte des Adels und die Auflösung des Hausvermögens.

1921

Die Deutsche Adelsgenossenschaft, deren Ehrenvorsitzender Reichspräsident Paul von Hindenburg (1847-1934) wird, formiert sich neu und gibt sich eine neue Satzung. Viele wollen sich organisieren, die Mitgliederzahlen steigen von 1.600 bis auf 17.000 im Jahr 1924.

1925

Die SPD bringt einen Gesetzentwurf ein, der die Beschränkung der Ansprüche der 1918 abgedanktenund abgesetzen deutschen Fürsten vorsieht. Hindenburg verhindert den Antrag.

März 1926

Ein Volksbegehren der KPD zur entschädigungslosen Enteignung aller Fürstentümer führt zu einem Volksentscheid am 20.6.1926. Dem stimmen 14,5 Mio. Bürger zu, die erforderliche Mehrheit liegt allerdings bei 20 Mio. Das Zustimmungsquorum ist von Hindenburg wenige Monate zuvor heraufgesetzt worden.

1926

Das erste „Osthilfeprogramm" tritt in Kraft. Bis 1937 werden die hoch verschuldeten preußischen Großgrundbesitzer durch Steuererleichterungen sowie Um- und Entschuldung unterstützt. Durch höhere Zinslasten, sinkende Rentabilität und einen Preisverfall bei Roggen und Kartoffeln ist vor allem der niedere Adel existenziell bedroht. Allein im Jahr 1929 umfasst die Ostpreußenhilfe einen Betrag von 174 Mio. Reichsmark. In einem Spendenaufruf von 1931 bittet die Brandenburg-Abteilung der Deutschen Adelsgenossenschaft um Kartoffeln, die oft die einzige Nahrungsquelle sind.

30.1.1933

Mit der Machtergreifung der Nationalsozialisten und der Ernennung Adolf Hitlers (1889-1945) zum Reichskanzler endet die Weimarer Republik.

1933-1945 – Nationalsozialismus und adliger Widerstand im Zweiter Weltkrieg

Die alten preußischen Eliten vertrauen Paul von Hindenburg und lassen sich von der „Blut-und-Boden"-Ideologie der Nationalsozialisten und vom „Tag von Potsdam" blenden, der Hitler den Weg an die Macht ebnet. Sie erwarten vom neuen Regime unter anderem, dass es der Armee wieder die traditionelle Position in der Gesellschaft zukommen lässt und das vom Adel geprägte Offizierskorps aufwertet. Es gibt jedoch auch Skepsis und Zweifel. Zwar treten viele Angehörigen ostelbischer Adelsfamilien nach Auflösung der DNVP der NSDAP bei, doch bleiben sie eine Minderheit und im Herzen Monarchisten.

Bis bei mancher Adliger aus der Distanz zu den braunen Machthabern hin zum aktiven Widerstand, ist lang und von Selbstzweifeln geprägt. Militärische Treue und Ehrgefühl bestimmen ihr Handeln. Ausschlaggebend sind schließlich die menschenverachtende NS-Ideologie und die Verbrechen im Zweiten Weltkrieg, die u. a. von der SS begangen werden. Angehörige des Offizierskorps sehen sich in einem unlösbaren Konflikt zwischen Tradition und Gehorsam einerseits und der Achtung der christlichen Gebote andererseits. Letztendlich fühlen sie sich nicht mehr an den Hitler geschworenen Eid gebunden und folgen ihrem Gewissen. Neben dem Kreisauer Kreis, in dem sich Adlige, Sozialdemokraten, Protestanten und Katholiken zusammenschließen, formiert sich um Claus Schenk Graf von Stauffenberg eine konservativ-militärische Gruppe Adliger, die bereit ist, Hitler umzubringen. Scheitert das Attentat, weiß sie um die Konsequenzen. Die zu Propagandazwecken dokumentierten Verhandlungen vor dem Volksgerichtshof sind nach dem Krieg Zeugnis für Standhaftigkeit und Ehrgefühl der Gruppe um Stauffenberg. Viele werden zum Tod verurteilt, manche nehmen sich das Leben, um Mitwisser nicht zu verraten. Die Familien werden enteignet und kommen oft in „Sippenhaft". Die am Attentat beteiligten Offiziere werden unehrenhaft aus der Wehrmacht ausgeschlossen, was für deren Familien nach dem Krieg zur Folge hat, dass keine Renten gezahlt werden und den Männern lange Zeit die Anerkennung als Widerstandskämpfer versagt wird.

Juni 1933

Die DNVP löst sich auf, die meisten Mitglieder treten der NSDAP bei. Später wird die DNVP als „Steigbügelhalter" für die Regierung Hitlers bezeichnet.

August 1933

Achim von Arnim (1881-1940), Professor für Wehrwissenschaften und Stabsführer der SA in Berlin-Brandenburg erhebt in seinem Artikel „Der Adel am Scheidewege" im Deutschen Adelsblatt den Vorwurf, ein „ganz erheblicher Teil" des Adels sei dem Nationalsozialismus noch immer „nicht freundlich" gesonnen.

Juni 1934

Im Zuge des sogenannten Röhm-Putsches, bei der die Führung der SA festgenommen und hingerichtet oder zum Selbstmord gezwungen wird, werden auch Mitglieder brandenburgischer Adelsfamilien wie Kurt von Schleicher und Ferdinand von Bredow ermordet.

1.9.1933

Mit dem deutschen Überfall auf Polen beginnt der Zweite Weltkrieg.

Oktober 1939

Das Offizierskorps der Wehrmacht protestiert gegen den vom Reichsführer-SS Heinrich Himmler (1900-1945) verordneten „Zeugungserlass". Ungeachtet ehelicher Bindungen sollen die Soldaten zur Erhaltung der arischen Rasse vor ihrem Fronteinsatz Kinder zeugen, was den Moralvorstellungen des Offizierskorps widerspricht. Himmler muss den Erlass öffentlich zurücknehmen.

1940

Peter Graf Yorck von Wartenburg und James Graf von Moltke bilden den Kreisauer Kreis, eine Widerstandsgruppe christlich-konservativer Hitler-Gegner, zu denen u. a. auch Carl Dietrich von Trotha und Horst von Einsiedel gehören.

1940-1942

Mitglieder des Kreisauer Kreises treffen sich mehrmals auf Gut

Groß Behnitz der Familie von Borsig im Havelland, u. a. um ihre Umsturzpläne und ein Nachkriegs-Agrarprogramm zu beraten.

1943
Wilfried Graf zu Lynar wird Adjutant des Generalfeldmarschalls Erwin von Witzleben, der zur Widerstandsgruppe um Stauffenberg gehört und zeitweise auf Lynars Schloss Seese wohnt. Witzleben soll im Fall eines gelungenen Attentats auf Hitler den Oberbefehl über die Wehrmacht übernehmen.

13.3.1943
Henning von Tresckow gelingt es, eine Bombe in Hitlers Flugzeug zu deponieren, deren Zeitzünder allerdings versagt. Er plant weitere Anschläge, die nicht gelingen oder nicht durchgeführt werden und hat engen Kontakt zu den Verschwörern um Stauffenberg.

16.12.1943
Axel von dem Bussche plant bei einer Vorführung von Winteruniformen, sich auf Hitler zu stürzen und mit Handgranaten in die Luft zu sprengen, doch die Uniformen verbrennen in der Nacht zuvor bei einem Bombenangriff.

Januar 1944
Verhaftung von Helmuth James Graf von Moltke. Der Kreisauer Kreis gilt als aufgelöst, ein Teil der Mitglieder schließt sich der Gruppe um Stauffenberg an.

20.7.1944
Unter Führung von Claus Schenk Graf von Stauffenberg wird im Führerhauptquartier „Wolfsschanze" bei Rastenburg/Ostpreußen ein Bombenattentat auf Hitler verübt, das dieser leicht verletzt übersteht. Am Attentat sind zum größeren Teil Militärs aus alten preußischen Adelsfamilien beteiligt. Der Umsturzversuch unter dem Decknamen „Operation Walküre" misslingt. Stauffenberg, Werner von Haeften, Mertz von Quirnheim und Friedrich Olbricht werden noch in der Nacht im Berliner Bendlerblock standrechtlich erschossen. Ludwig Beck begeht davor Selbstmord.

24.7.1944
Carl-Hans Graf von Hardenberg will der drohenden Verhaftung durch die Gestapo durch Selbstmord entgehen, das misslingt. Er wird in das KZ Sachsenhausen eingeliefert und erlebt im April 1945 die Befreiung. Sein Familienbesitz wird unter Zwangsverwaltung gestellt und enteignet.

ab 7.8.1944
Vor dem Volksgerichtshof beginnen die Prozesse gegen die Verschwörer. Präsident Roland Freisler demütigt und beschimpft die Angeklagten während der Verhandlungen, die Todesurteile stehen vorher fest. Rund 700 Verdächtige werden verhaftet, später erfolgt mit der „Aktion Gewitter" die Verhaftung von ca. 5.000 Personen. Rund 150 Beteiligte am 20. Juli werden hingerichtet.

29.9.1944
Wilfried Graf zu Lynar wird in Plötzensee hingerichtet, sein Familienbesitz enteignet.

April-Mai 1945
Viele märkische Landadlige und ihre Familien fliehen vor der näher rückenden Roten Armee nach Westen und kommen so ihrer Verhaftung als NS-Täter und Mitläufer und der späteren Enteignung zuvor. In den Schlössern und Herrenhäusern werden Flüchtlinge einquartiert, die zu Tausenden aus Ostpreußen, Pommern und Schlesien nach Brandenburg kommen.

7./8.5.1945
In Reims, dem Hauptquartier der US-Streitkräfte unterzeichnet Generaloberst Jodl die bedingungslose Kapitulation der Wehrmacht, die am 8.5. in Kraft tritt. Aus protokollarischen Gründen wird in der Nacht vom 8./9.5. die bedingungslose Kapitulation der Wehrmacht durch Feldmarschall Keitel im Hauptquartier der Roten Armee (Berlin-Karlshorst) erneut unterzeichnet.

1945-1989 – Nachkriegszeit, SBZ, DDR und Mauerfall

Die Ernährungslage nach dem Krieg ist katastrophal. Die Produktion von Nahrungsmitteln ist deshalb eine zentrale politische Aufgabe. Die Voraussetzungen sind denkbar ungünstig, denn im Frühjahr 1945 können die Felder wegen der letzten Kriegshandlungen kaum bestellt werden, nach Kriegsende sind Ackerland und Weideflächen oft verwüstet und vermint. Der Viehbestand ist drastisch reduziert. Landwirtschaftliche Maschinen sind zu einem großen Teil zerstört, es mangelt an Ersatzteilen. Die Besatzungsmacht requiriert für die Versorgung ihrer Truppen Getreide, Vieh und Maschinen, außerdem müssen hunderttausende Flüchtlinge und Vertriebenen ernährt werden.

Die Bodenreform soll zur Bewältigung der Not beitragen. Über die Umsetzung gibt es erhebliche Differenzen. Die KPD, politischer Partner der sowjetischen Besatzungsmacht, hat bereits 1942 und 1944 Vorschläge zur Enteignung der Großgrundbesitzer erarbeitet. Im Juni 1945 bekommt die politische Entmachtung der Großgrundbesitzer Priorität. Ihnen wird die Hauptverantwortung für Rückständigkeit und Unterdrückung, für die NS-Herrschaft und den Krieg angelastet. Im September 1945 wird die Bodenreformverordnung in der SBZ verabschiedet. Darin heißt es: „Die Bodenreform muß die Liquidierung des feudal-junkerlichen Großgrundbesitzes gewährleisten und der Herrschaft der Großgrundbesitzer im Dorf ein Ende bereiten, weil diese Herrschaft immer eine Bastion der Reaktion und des Faschismus in unserem Lande darstellte und eine der Hauptquellen der Aggression und der Eroberungskriege gegen alle Völker war." Führende Politiker der CDU und LDP lehnen diese Form der Enteignungen ab, plädieren dafür, den Kreis der Enteigneten auf Kriegsverbrecher zu beschränken. Sie werden zum Rücktritt gezwungen bzw. abgesetzt.

Bis Ende 1945 beschlagnahmen die Gemeindebodenkommissionen in Brandenburg neben 180 staatlichen Betrieben 1.614 Güter einer Größe von über 100 Hektar und 406 Höfe von Kriegsverbrechern, die kleiner als 100 Hektar sind. Insgesamt werden bis Ende 1945 an Bewerber aus verschiedenen Schichten 346.577 Hektar übergeben. Rund 72.000 neue Bauernfamilien, darunter 14.908 „Umsiedler", erhielten in Brandenburg durch die Bodenreform eine Existenzgrundlage. Öffentliche Institutionen übernehmen rund 223.661 Hektar zur Bildung von Provinzialgütern.

Die Durchführung einer Bodenreform ist auch eine Vorgabe der alliierten Sieger. Diese haben auf der Moskauer Außenministerkonferenz zur deutschen Frage im März/April 1947 den Alliierten Kontrollrat beauftragt, noch im Verlauf des Jahres 1947 eine Bodenreform in allen Besatzungszonen durchzuführen. Sie wird zu diesem Zeitpunkt auch in den Westzonen in Angriff genommen, jedoch nicht so radikal, politisch determiniert und ideologisch überlagert wie in der sowjetischen Zone.

26.6.1945
Der Gründungsaufruf der CDU (Ost) enthält die Forderung nach einer Bodenreform, die einen eingegrenzten staatlichen Anspruch auf private Grundstücke ermöglicht. Diese Regelung sieht das Reichssiedlungsgesetz von 1919 vor, das noch immer in veränderter Form in Kraft ist. Eine pauschale, entschädigungslose Enteignung jeglichen Besitzes über 100 Hektar lehnt sie ab. Wegen „Widerstands gegen die Bodenreform" wird der erste Vorsitzende der CDU Andreas Hermes (1878-1964) zum Rücktritt gezwungen. So ergeht es auch dem zweiten Vorsitzenden Walther Schreiber (1884-1958) und dem Vorsitzenden der Liberal-demokratischen Partei (LDP) Waldemar Koch (1880-1963). Alle flüchten in den Westen, Schreiber wird später Regierender Bürgermeister West-Berlins.

2.8.1945
Die alliierten Siegermächte treffen sich in Potsdam und beschließen mit dem Potsdamer Abkommen die politische und geografische Neuordnung Deutschlands.

September 1945
Der Umsturz der politischen Verhältnisse tritt in den Vordergrund. KPD und SPD machen Großgrundbesitzer für Unterdrückung, die NS-Herrschaft und den Krieg verantwortlich.

2.9.1945
Bei einer organisierten Massenkundgebung in Kyritz stellt der Vorsitzende der KPD in der Sowjetzone, Wilhelm Pieck (1876-1960), unter dem Motto „Junkerland in Bauernhand" die Grundzüge der Bodenreform vor.

6.9.1945
Die Provinzialverwaltung Brandenburg übernimmt die Bodenreformverordnung, die am 3.9. in Sachsen verabschiedet wird. Es soll der gesamte Grundbesitz unabhängig von der Größe, sofern er mehr als 100 Hektar Land umfasst sowie der Besitz von Kriegsverbrechern, hohen NSDAP-Mitgliedern und Vertretern des NS-Regimes enteignet und an landarme Bauern und Flüchtlinge verteilt werden. Ein Großteil bleibt jedoch in staatlichem Besitz. Dabei werden weder die Enteigneten entschädigt, noch der Begriff Kriegsverbrecher definiert, was eine willkürliche Auslegung ermöglicht.

22.9.1945
Beginnend mit dem Gut Seese, das der Familie Lynar gehört, werden in Brandenburg ausnahmslos alle Großgrundbesitzer entschädigungslos enteignet, auch ehemalige Widerstandskämpfer. Viele von ihnen fliehen in die Westzonen. Runderlasse der Provinzialverwaltung erlauben später Großgrundbesitzern, die sich dem NS-Regime widersetzt haben, neue Höfe zu übernehmen. Allerdings ist das nicht von Dauer.

1.4.1946
Verordnung der Provinzialverwaltung, die die Vernichtung der alten Grundbücher „mit allen auf sie bezüglichen Vorgängen und Unterlagen" anordnet, um die Bodenreform unumkehrbar zu machen. Die neuverteilten Parzellen werden ohne Hinweise auf die vorherigen Besitzer in neue Grund- und Katasterbücher eingetragen.

25.2.1947
Auflösung des Freistaates Preußen nach dem Kontrollratsgesetz, formal endet damit auch die Zugehörigkeit Brandenburgs zu Preußen.

April 1947
Die Alliierten einigen sich bei der Außenministerkonferenz in Moskau, bis zum Ende des Jahres 1947 in allen Besatzungszonen eine demokratische Bodenreform durchzuführen. Die in der Sowjetzone 1945 begonnene Bodenreform wirkt abschreckend auf die Westalliierten, dennoch erlassen sie bis zum Ende des Jahres Rahmengesetze für eine eigene Bodenreform, die nur unvollständig umgesetzt wird. Nur ein Zehntel des in Frage kommenden Landes wird in der amerikanischen Zone tatsächlich enteignet.

23.8.1947
Im Befehl Nr. 6080 verlangt die Sowjetische Militäradministration von der Landesregierung Brandenburgs, die noch auf ihren Gütern wohnenden Eigentümer und ihre Verwalter festzustellen und zum 1.9.1947 aus ihren Heimatkreisen auszuweisen. Das soll den Gutsbesitzern ihren gesellschaftlichen Einfluss in ihren Gemeinden entziehen. Darüber hinaus ordnet Innenminister Bernhard Bechler (1911-2002) an, auch Familienangehörige umzusiedeln. Gutsbesitzer und Verwalter, die nachweislich Widerstand gegen den Nationalsozialismus geleistet haben, sollen nicht umgesiedelt werden.

7.10.1947
Die SMA Brandenburg verfügt mit ihrem Befehl 163 die „ungehinderte Ausnutzung von Bauten ehemaliger Güter von Gutsbesitzern für den Bau von Neubauerngehöften durch Umbau oder Abbruch und Übergabe der Baumaterialien an die Neubauern". Mit dem Befehl 209 sollen durch den Abbruch von Gutshäusern notwendige Wohn- und Wirtschaftsgebäude für die Neusiedler und Flüchtlinge erbaut werden. Vor allem aber soll die Erinnerung an die politischen Verhältnisse der Vergangenheit ausgelöscht werden. Viele Gemeinden wehren sich gegen den befohlenen Abbruch der Gutsgebäude, weil sie dort Schulen und andere gemeinnützige Einrichtungen unterbringen wollen. Auch Einwohner, das Amt für Denkmalpflege, Wissenschaftler und Mitglieder der SMAD protestieren gegen den Abbruch der Kulturgüter.

1.11.1947

Innenminister Bernhard Bechler ordnet an, dass bei der Ausweisung von Gutsbesitzern keine Ausnahmen gemacht werden dürfen und diese mit ihren Familien mindestens 50 km entfernt (vorher 15 km) von ihrem Wohnort untergebracht werden sollen. Betroffene Familien müssen innerhalb von 48 Stunden ihr Gut verlassen und dürfen nur Dinge des persönlichen Bedarfs mitnehmen.

März 1948

Nach langen Debatten wird eine Liste der zur Rettung empfohlenen Gebäude festgelegt. Sie umfasst 9,6 Prozent des Bestandes. Damit ist die ursprüngliche Absicht aufgegeben, alle Schlösser und Herrenhäuser abzureißen. Sie werden als Erholungs-, Alters-, oder Schulungsheime, Schulen, Kindergärten, Krankenhäuser, Verkaufsstellen, Polizei- oder Poststellen und auch als Wohnungen genutzt. Besonders attraktive Gebäude wie das Schloss Börnicke oder die spätere Kampfgruppenschule Schmerwitz werden Eigentum der SED.

bis 1949

Die letzten ehemaligen Besitzer, Pächter und Verwalter werden vertrieben. In der gesamten SBZ werden 14.000 Höfe auf insgesamt 2,5 Millionen Hektar entschädigungslos beschlagnahmt. Zwei Drittel der 3,1 Millionen Hektar werden an 500.000 Landarbeiter, Bauern und Umsiedler verteilt, ein Drittel bleibt in Staatshand. Für wirtschaftliches Arbeiten sind die zugewiesenen Stücke oft zu klein. Die Neubauern müssen sich zu Landwirtschaftlichen Produktionsgenossenschaften (LPG) zusammenschließen. Insgesamt ist ein Drittel der Wirtschaftsfläche östlich der Elbe von der Bodenreform betroffen.

1949

In der Verfassung der DDR wird die Bodenreform festgelegt. Art. 24, Abs. 1 der DDR-Verfassung von 1949 lautet: „Der private Großgrundbesitz, der mehr als 100 Hektar umfasst, ist aufgelöst und wird entschädigungslos verteilt."

1.5.1949

Neuhardenberg wird in Marxwalde umbenannt, da die Gemeinde mit dem Namen des früheren Besitzers, der Familie von Hardenberg in Verbindung gebracht werden kann. Große Teile der Gutsanlagen werden so vor der Zerstörung bewahrt.

1954

Die letzten Testamente von Alteigentümern werden den staatlichen Archiven übergeben und dort unter Verschluss gehalten. In der Folgezeit werden auch Testamente vernichtet.

1958

Carl-Hans Graf von Hardenberg, Mitglied des konservativen Widerstandes und KZ-Insasse, der nach der Enteignung in den Westen geflohen war, wünscht nach seinem Tod auf dem Familienfriedhof beigesetzt zu werden. Sein Antrag wird abgelehnt, erst 1991 werden die Urnen des Grafen und seiner Frau dort beigesetzt.

ab 1970

Erst jetzt wird die Beteiligung von Adligen an der Verschwörung vom 20. Juli 1944 in DDR-Geschichtsbüchern erwähnt, aber stets dem kommunistischen Widerstand nachgeordnet. Vorher wird den Schülern unter dem Stichwort Adel vor allem das Bild von der brutalen und egoistischen Ausbeuterklasse vermittelt.

1985

Am 40. Jahrestag der Bodenreform, der jährlich am 2. September in Kyritz begangen wird, betont Erich Honecker (1912-1994) in einer Rede vor 120.000 Zuschauern, dass die Bodenreform vor allem ein Schlag gegen die Junker gewesen ist. Diese rechnet er zu den aggressivsten und reaktionärsten Kräften und bezeichnet sie als „Stützen des barbarischen Hitlerregimes". Die Begründung, die Bodenreform sei nötig gewesen für die Ernährung des Volkes, ist nicht mehr relevant.

1990-2011 – Wiedervereinigung bis heute

Fünf Wochen vor der deutschen Wiedervereinigung am 3. Oktober 1990 wird der Einigungsvertrag unterzeichnet. Eine der schwierigsten und umstrittensten Fragen, die die Betroffenen auf beiden Seiten noch Jahre und Jahrzehnte danach beschäftigen werden, sind die Klärung von Anspruch und Rückgabe von Eigentum. Jeder, der in der DDR – also nach dem 7.10.1949 – enteignet wurde, kann darauf hoffen, durch Enteignung verlorene Grundstücke und Häuser zurückzubekommen. Das sieht die Regelung „Rückgabe vor Entschädigung" vor. In der Praxis führt das oft zu Wut und Verbitterung bei denjenigen, die inzwischen Eigentümer geworden sind und sich jetzt mit den Ansprüchen der sog. Alteigentümer auseinandersetzen müssen.

Ganz anders werden die Enteignungen behandelt, die vor Gründung der DDR, also in der sowjetischen Besatzungszone (1945-1949) vorgenommen worden sind und alle betraf, die mehr als 100 Hektar Land besaßen. Diese Enteignungen sind – bis auf wenige Ausnahmen – von der Regelung der Rückübertragung ausgeschlossen. Die Festschreibung im Einigungsvertrag, so wird Helmuth Kohl immer wieder versichern, sei der ausdrückliche Wunsch der Sowjetunion gewesen, die sonst der Wiedervereinigung nicht zugestimmt hätten. Später wird Michael Gorbatschow dies als unwahr zurückweisen, doch dadurch die Rechtslage nicht ändern.

Besonders Brandenburg und Mecklenburg-Vorpommern sind von dieser Regelung betroffen. Einerseits bleiben die LPGs in der Regel Eigentümer großer Anbauflächen und damit Nutznießer von Enteignung und Bodenreform in der SBZ von 1945/46, andererseits erhalten ehemalige Großbauern und Landadlige, die in der SBZ enteignet wurden, nichts zurück. Wollen sie dennoch wieder in der Heimat ihrer Vorfahren leben, müssen sie jeden Hektar Land und jedes Gebäude zurückkaufen. Viele Alteigentümer empfinden diese Regelung bis heute als großes Unrecht und „doppelte Enteignung" und geben enttäuscht auf. Wagen sie dennoch einen Neuanfang, erwartet die adligen

Rückkehrer neben der ökonomischen Belastung oft Misstrauen und Ablehnung. Die Mehrheit der Rückkehrer ist der Überzeugung, dass eine Teilrückgabe viele motiviert hätte, Geld und Erfahrung für den Aufbau im Osten Deutschlands einzubringen.

Eine Ausnahme sind die als Opfer des NS-Regimes anerkannten Familien, die noch während der NS-Zeit enteignet wurden. Sie haben Anspruch auf Restitution. Kann eine Rückübertragung nicht stattfinden, steht ihnen eine Entschädigung nach dem NS-Verfolgtenentschädigungsgesetz von 1994 zu. Diese Regelung betrifft nur einen sehr kleinen Kreis adliger Familien.

15.6.1990

Die Bundesregierung und die Regierung der DDR geben eine Gemeinsame Erklärung ab, in der allgemeine Grundsätze zur Restitutionsfrage festgelegt werden. Die Erklärung wird dem Einigungsvertrag als Anlage III beigefügt und ist damit Bestandteil des Vertrages.

19.8.1990

Die Rückgabe von Eigentum ist eine sehr umstrittene Frage im Prozess der deutschen Einigung. Sie führt neben anderen Faktoren zu Spannungen der Ost-Berliner Parteien und zum Austritt der SPD aus der Regierungskoalition von CDU, Deutsch Sozialer Union (DSU), Demokratischem Aufbruch (DA), SPD und Liberalen. Der SPD-Vorsitzende Wolfgang Thierse fordert, dass die Bodenreform nicht rückgängig gemacht wird und dies im Einigungsvertrag festgeschrieben werden soll. Andernfalls stimme seine Partei dem Einigungsvertrag nicht zu.

31.8.1990

Der Einigungsvertrag zwischen BRD und DDR wird unterzeichnet. Er regelt sämtliche durch den Beitritt der Deutschen Demokratischen Republik zur Bundesrepublik Deutschland notwendig gewordenen Veränderungen. Das „Gesetz zur Regelung offener Vermögensfragen", wird erst am Tage der Unterzeichnung ohne das übliche Gesetzgebungsverfahren in der Volkskammer, als Anlage II in den Vertrag aufgenommen. In diesem Gesetz werden zwei Grundsätze festgelegt: Enteignungen in der SBZ vor der Gründung der DDR, also in der Zeit

zwischen dem 8. Mai 1945 und dem 7. Oktober 1949, werden nicht rückgängig gemacht. Die BRD sieht sich zwar als Rechtsnachfolger der DDR, übernimmt aber keine Verantwortung für Enteignungen, die von der Sowjetischen Besatzungsmacht durchgeführt worden sind. Diese Regel betrifft die Adligen und die Großgrundbesitzer in Brandenburg in hohem Maße, da sie größtenteils vor 1949 enteignet worden sind. Das Vermögen einschließlich Grundbesitz, das nach dem 7. Oktober 1949 enteignet worden ist, soll grundsätzlich den ehemaligen Eigentümern oder ihren Erben zurückgegeben werden. Dabei soll das Prinzip „Rückgabe vor Entschädigung" gelten.
Einzige Ausnahme: Anerkannte Opfer des NS-Regimes, deren Eigentum in der NS-Zeit enteignet worden ist, haben Anspruch auf Rückübertragung.

23.4.1991

Im sogenannten Bodenreform-Urteil weist das Bundesverfassungsgericht Verfassungsbeschwerden gegen die Bestimmungen des Einigungsvertrages als „nicht begründet" zurück. Das BVG verteidigt sein Urteil mit dem Argument, die Sowjetunion hätte die Unumkehrbarkeit der Enteignungen während der Besatzungszeit 1945-1949 als Bedingung für ihre Zustimmung zur deutschen Einheit gefordert.
Die Betroffenen klagen auch gegen die Ungleichbehandlung zwischen den Enteignungen bis 1949 und nach der Gründung der DDR. Die in der DDR Enteigneten haben Anspruch auf Rückgabe des in Bundeshand gelangten Besitzes. Die Verfassungsrichter erklären, dass die Bundesrepublik dafür nicht zuständig sei. Zum einen dürfen die Enteignungen in der damaligen Sowjetzone „nicht dem Verantwortungsbereich" der Bonner Staatsgewalt zugerechnet werden, zum anderen sei das Grundgesetz mit seiner Eigentumsgarantie zu diesem Zeitpunkt noch gar nicht in Kraft gewesen. Allerdings räumt das Gericht dem Parlament die Freiheit ein, Entschädigungen für die Enteigneten zu beschließen.

26.12.1991

Die Sowjetunion wird völkerrechtlich durch Beschluss des Obersten Sowjets der UdSSR aufgelöst. Das verändert auch die deutsche Rechtslage, worauf der Kieler Jurist und Osteuropaexperte Wolfgang Seiffert in einem Gutachten hinweist. Die Bundesregierung sei in ihren Entscheidungen jetzt völlig frei sei. Mit dem Ende der Sowjetunion scheide diese aus den Verträgen aus. Frühere Forderungen seien nicht mehr bindend.

5.7.1994

Michael Gorbatschow, ehemaliger Generalsekretär der KPdSU, bestreitet, dass er und der damalige Bundeskanzler Kohl vor der Wiedervereinigung über Fragen der Restitution gesprochen hätten. Gorbatschow sagt, dass keine von sowjetischen Verantwortlichen unterzeichneten Verträge oder Abkommen existieren, in denen die Eigentumsfrage zur Sprache käme. Ähnlich äußert sich der ehemalige sowjetische Außenminister Eduard Schewardnadse. Aufgrund dieser Aussagen kann das Urteil des BVG von 1991 angefochten werden.

27.9.1994

Im „Entschädigungs- und Ausgleichsleistungsgesetz" wird eine Entschädigung für Enteignungen zwischen 1945 und 1949 auf Grundlage des Verfassungsgerichtsurteils von 1991 gewährt. Es wird jedoch nicht der aktuelle Verkehrswert der Grundstücke und Immobilien zu Grunde gelegt, sondern der Wert der Grundstücke von 1936, was einen erheblichen Wertverlust zur Folge hat.

2000

Eine Klage von 40 Betroffenen gegen das „Entschädigungs- und Ausgleichsleistungsgesetz" weist das Bundesverfassungsgericht ab. Wiederum folgt es der Argumentation der Bundesregierung, die auch die hohen Kosten der deutschen Einheit geltend macht. Eine gleichwertige Entschädigung benachteilige darüber hinaus andere DDR-Opfergruppen. So würde z. B. ehemaligen politischen Häftlingen nur eine niedrige pauschale Ausgleichszahlung gewährt. Damit ist der Rechtsweg innerhalb Deutschlands ausgeschöpft.

2005

Vor dem Europäischen Gerichtshof für Menschenrechte klagen 71 Opfer der Bodenreform mit dem Argument, dass der Schutz des Eigentums ein Menschenrecht sei. Auch würden entschädigungslose Enteignungen während der sowjetischen Besatzung gegen das Völkerrecht verstoßen, weil der Schutz der

Rechte der Zivilbevölkerung zum Kernbestand der Haager Landkriegsordnung zähle. Doch die Beschwerden der Alteigentümer und ihrer Erben scheitern auch in Straßburg. Nach dessen Auffassung sei die BRD für Handlungen, die die sowjetische Besatzungsmacht veranlasst habe, nicht verantwortlich, selbst wenn sie später die Rechtsnachfolge der DDR angetreten habe. Die Bundesrepublik sei deshalb nach der Wiedervereinigung nicht verpflichtet, für die Enteignungen in der sowjetischen Besatzungszone und nach 1949 in der DDR Entschädigungen in Höhe des aktuellen Verkehrswertes der Ländereien zu leisten. Auch hätten die Kläger nach der Wiedervereinigung keine berechtigte Erwartung auf Rückgabe ihrer Güter oder Ausgleichszahlungen gehabt. Aus diesen Gründen besitze der Gerichtshof keine Zuständigkeit, die Umstände der Enteignungen oder ihrer Folgen zu untersuchen. Gegen das Urteil ist keine Berufung mehr möglich.

2007

Der Bundesgerichtshof fällt ein Urteil zum Umgang des Landes Brandenburg mit den Erben von Bodenreformland, in dem es dessen Vorgehen als „sittenwidrig und nichtig" beurteilt. Das Land habe sich in mehr als 7.400 Fällen anstelle unbekannter Erben selbst als Eigentümer in die Grundbücher eintragen lassen. Dies muss rückgängig gemacht werden. Die Enteignungen durch die Bodenreform sind zwar nicht Gegenstand des Urteils, doch nährt es erneut Zweifel an der Legitimität der Bodenreform und ihrer Rechtsfolgen.

2011

Das Bundesverwaltungsgericht in Leipzig stuft die Opfer der Bodenreform, nachgewiesene aktive Nationalsozialisten ausgenommen, als „politisch Verfolgte" ein, die eine „schwere Herabwürdigung" und „gewollte Ausgrenzung aus der Gesellschaft" erfahren haben. Doch eine Rückgabe des neuverteilten Landes steht nicht in Aussicht, die Alteigentümer würden gegebenenfalls mit Land aus Bundeseigentum oder mit Finanzmitteln des Bundes entschädigt.

Märkisch-Oderland

Übersichtskarte Land Brandenburg

1 Matthias und Barbara von Oppen

2 Clemens und Victoria Graf und Gräfin Hahn von Burgsdorff
Botho und Saskia Graf und Gräfin Hahn von Burgsdorff

3 Georg und Ilsa-Marie von Holtzendorff

4 Michael und Daisy Graf und Gräfin von Arnim

5 Hans-Georg und Dorothee von der Marwitz

6 Gebhard und Amelie Graf und Gräfin von Hardenberg

7 Karl-Christoph und Elke von Stünzner-Karbe
Karl-Jürn und Julia von Stünzner-Karbe

8 Guido und Beatrix Graf und Gräfin zu Lynar
Rochus und Anke Graf und Gräfin zu Lynar

9 Frederico und Nicole Franziska
Graf und Gräfin zu Lynar

10 Ferdinand und Angelika von Lochow
Ferdinand und Alexandra von Lochow

11 Eberhard und Uta von der Hagen

12 Friedrich-Carl und Ute von Ribbeck

PRIGNITZ

Perleberg

OSTPRIGNITZ
RUPPIN

Wittstock/Dosse

Kyritz

Neuruppin

Wusterhausen/Dosse

Fürstenberg/
Havel

Zehdenik

OBER
HAVEL

Oranienburg

Kremmen

3

Prenzlau

1

4 UCKERMARK

Templin

Schwedt/Oder

2

Angermünde

Oderberg

BARNIM

Eberswalde

Bernau

MÄRKISCH
ODERLAND

Seelow **5**

Strausberg **6**

ODER
SPREE

Frankfurt (Oder)

7

11

Rathenow

Nauen

HAVELLAND

12

Brandenburg
an der Havel

Potsdam

Beelitz

POTSDAM
MITTELMARK

Treuenbrietzen

Mittenwalde

TELTOW
FLÄMING

Luckenwalde

Storkow

Beeskow

DAHME
SPREEWALD

Lübben

Guben

10

8

9

Calau

Cottbus

Forst

SPREE
NEISSE

Herzberg

OBER
SPREE
WALD
LAUSITZ

ELBE
ELSTER

Senftenberg

201

Abkürzungen und Worterklärungen

Apsis: Bezeichnung für einen halbrunden oder auch mehreckigen Raum, meist in Kirchen, der von einer Halbkuppel überwölbt ist

Bessarabien: deutsches Siedlungsgebiet am Schwarzen Meer, nach 1939 von der Sowjetunion verwaltet, gehört heute zu Moldawien und zur Ukraine

BVVG: Bodenverwertungs- und -verwaltungs GmbH, die seit ihrer Gründung 1992 und bis heute auf Grundlage des Treuhandgesetzes vom 17. Juni 1990 in den östlichen Bundesländern (außer Berlin) ehemals volkseigene land- und forstwirtschaftliche Flächen durch Verkauf oder Verpachtung privatisiert

DNVP: Deutschnationale Volkspartei, die 1918 gegründet wurde und sich 1933 selbst auflöste, die Mitglieder wechselten mehrheitlich in die NSDAP

Epitaph: Grabmal mit Inschrift

Fideikommiss: bis 1938 geltendes deutsches Recht, wonach vor allem auf dem Land ein Familienvermögen ungeteilt in der Hand eines Familienmitglieds blieb

Gestapo: Geheime Staatspolizei im Dritten Reich

Glasnost: Offenheit (aus dem Russischen)

Hilfswerk 20. Juli 1944: Stiftung zur Unterstützung der Angehörigen der Attentäter auf Hitler am 20. Juli 1944

Jalta-Konferenz: im Kurort an der ukrainischen Krimküste legten 1945 Roosevelt, Churchill und Stalin ihr politisches und militärisches Vorgehen für die Schlussphase des Zweiten Weltkrieges fest

Johanniterorden: ältester geistlicher Ritterorden; er ist vor allem auf karitativem-sozialem Gebiet tätigest

Junker: Ehemals Bezeichnung für die Söhne adliger Grundherren, wurde in der SBZ/DDR abwertend für adlige Großgrundbesitzer be-

nutzt und bei der Enteignung zur propagandistischen Parole „Junkerland in Bauerhand"

Komturei: Verwaltungsbezirk eines Ritterordens

Konsum: genossenschaftlich organisierte Läden in der DDR, Mitglieder erhielten für ihre Einkäufe Marken, am Jahresende gab es eine Rückvergütung auf die getätigten Einkäufe

Kreisauer Kreis: Name für eine Gruppe von Widerständlern gegen das Naziregime, deren führende Vertreter Helmuth James Graf von Moltke (Treffen fanden auf seinem Gut Kreisau statt) und Peter Yorck Graf von Wartenberg waren

Lastenausgleich/Lastenausgleichsgesetz: Deutsche, deren Vermögen infolge des Zweiten Weltkrieges Schäden erlitten oder die andere besondere Nachteile hinnehmen mussten, erhielten finanzielle Entschädigungen, das Gesetz trat am 1.9.1952 inkraft

LPG: Landwirtschaftliche Produktionsgenossenschaft (in der DDR)

Mansarddach: Dachform als Giebel- oder Walmdach

Messtischblatt: topografische (Flur-)Karte

Mutterrolle: buchstäblich Mutter des Katasterbuchwerks, später weiterentwickelt als Liegenschaftsbuch (Flurbuch) und als Katasterkarten (Flurkarten)

Patronatskirche: Kirchenpatronat ist eine Rechtsbeziehung zwischen einer Kirchengemeinde und ihrem Patron (Schutzherr, Stifter einer Kirche)

Pomologe: Obstbaumkundler (besonders bemüht um alte Sorten)

Perestroika: Umbau, Neugestaltung (aus dem Russischen)

Röhm-Putsch: vermeintliches Ereignis, das Hitler und Göring als Vorwand diente, 1934 den Stabschef der SA Ernst Röhm und weitere 200 Personen durch Kommandos der SS, Gestapo und Reichswehr zu ermorden, zu Grunde lagen ideologische Differenzen und machtpolitische Spannungen

SBZ: Sowjetisch Besetzte Zone

SMAD: Sowjetische Militäradministration in Deutschland

SS: Schutzstaffel der NSDAP, gegründet 1925 als Sonderorganisation der Nationalsozialistischen Deutschen Arbeiterpartei

Solibasar: Solidaritätsbasar, die Einnahmen kamen Hilfsprojekten zugute

Stahlhelm, Bund der Frontsoldaten: im Dezember 1918 gegründeter Wehrverband, der in Opposition zur Weimarer Republik stand

Templerorden: 1199 in Jerusalem zum Schutz christlicher Pilger gegründeter geistlicher Orden

Volksgerichtshof: Sondergerichtshof im nationalsozialistischen Deutschland zur Einschüchterung und Liquidierung von Regimegegnern. Wird erst 1984 durch den Deutschen Bundestag als „Terrorgericht" eingeschätzt.

VEB: Volkseigener Betrieb (in der DDR)

VEG: Volkseigenes Gut, landwirtschaftlicher Staatsbetrieb in der DDR, der meist aus ehemaligen privaten landwirtschaftlichen Gütern als Ergebnis der Bodenreform entstanden war

Warschauer Pakt: Militärbündnis sozialistischer Staaten Europas (1955-1991) unter Führung der UdSSR

Personen

Arnim, Bettina von: 1785-1859, deutsche Schriftstellerin, 1811 Heirat mit Achim von Arnim, Bettina lebt während der 20 Jahre ihrer vorwiegend in Berlin, Achim auf Gut Wiepersdorf im Brandenburgischen, aus der Ehe gehen sieben Kinder hervor, sie engagiert sich nicht allein literarisch, sondern auch sozial und politisch.

Bussche, Axel von dem: 1919-1993, als deutscher Berufsoffizier war er an den Attentatsvorbereitungen auf Hitler am 20. Juli 1944 beteiligt, entging der Verfolgung durch eine schwere Verwundung im Januar 1944 an der Ostfront, hatte in der Bundesrepublik maßgeblichen Anteil am Aufbau des Deutschen Entwicklungsdienstes.

Freisler, Roland: von 1942 bis zu seinem Tod 1945 berühmt-berüchtigter Präsident des Volksgerichtshofes, führte zahlreiche Schauprozesse, u.a. gegen Mitglieder der Widerstandsgruppe Weiße Rose, und war verantwortlich für tausende Todesurteile gegen Regimegegner, kommt 1945 bei einem Bombenangriff ums Leben.

Grotewohl, Otto: 1894-1964, SED-Politiker, von 1949 bis 1964 Ministerpräsident der DDR.

Haeften, Werner von: 1908-1944, deutscher Offizier, der mit Claus Schenk Graf von Stauffenberg an der Ausführung des Attentats auf Hitler am 20. Juli 1944 beteiligt war, wurde mit ihm und anderen im Berliner Bendlerblock hingerichtet.

Hammerstein, Ludwig Freiherr von: 1919-1996, wie seine gesamte Familie war er erklärter Gegner des Naziregimes, nahm am Attentatsversuch auf Hitler am 20. Juli 1944 teil, überlebte im Untergrund, von 1974 bis 1984 Intendant des RIAS (Radio im amerikanischen Sektor).

Honecker, Erich: 1912-1994, langjähriger Generalsekretär des Zentralkomitees der SED und Vorsitzender des Staatsrates der DDR, wurde vom SED-Politbüro am 18.10.1989 zum Rücktritt gezwungen.

Kleist, Ewald Heinrich von: 1922 geboren, Offizier der Wehrmacht, Beteiligter am Attentat auf Hitler am 20. Juli 1944, überlebte die Verfolgung, weil er seine Mitwisserschaft vertuschen konnte, gründete 1962 die Wehrkundetagung (später Konferenz für Sicherheitspolitik) in München.

Krenz, Egon: 1937 geboren, ehemaliger SED-Politiker, 1989 für sieben Wochen Nachfolger von Honecker als SED-Generalsekretär und Staatsratsvorsitzender, einer der wenigen Verantwortlichen, die für die Todesschüsse an der Mauer rechtskräftig verurteilt wurden.

Mielke, Erich: 1907-2000, bis November 1989 Minister Minister für Staatssicherheit der DDR.

Olbricht, Friedrich: 1888-1944, als deutscher Offizier am Attentat auf Hitler am 20. Juli 1944 beteiligt, dafür standrechtlich erschossen auf dem Hof des Berliner Bendlerblocks.

Pieck, Wilhelm: 1876-1960, Mitbegründer SED, von 1949-1960 erster und einziger Präsident der DDR.

Plettenberg, Kurt Freiherr von: 1891-1945, Forstmann und Offizier, der zum Freundkreis Stauffenbergs gehörte und sich an den Attentatsvorbereitungen auf Hitler am 20. Juli 1944 beteiligte, nach seiner Verhaftung an seinem Dienstsitz als Generalbevollmächtiger des vormaligen preußischen Königshauses in Cecilienhof Anfang März 1945, stürzte er sich auf dem Weg zum Verhör aus einem Fenster in Tod, um unter Folter keine Attentatsbeteiligten zu verraten, sein Grab befindet sich auf dem Bornstedter Friedhof in Potsdam.

Quirnheim, Albrecht Ritter Mertz von: 1905-1944, deutscher Offizier, war befreundet mit Stauffenberg und die Attentatspläne auf Hitler am 20. Juli 1944 eingeweiht, wurde mit ihm, Olbricht und Haeften im Berliner Bendlerblock standrechtlich erschossen.

Rousseau, Jean-Jaques: 1712-1778, Wegbereiter der Französischen Revolution, Schriftsteller, Pädagoge, Naturforscher und Komponist mit Einfluss auf die gesamte europäische Geistesgeschichte.

Schinkel, Karl-Friedrich: 1781-1841, als Architekt wichtigster Vertreter des Klassizismus in Preußen, auch Stadtplaner und Maler, etliche brandenburgische Herrenhäuser tragen seine architektonische Handschrift.

Schönbohm, Jörg: geb. 1937 im brandenburgischen Neu-Golm, seit 1957 Karriere in der Bundeswehr, 1990 Befehlshaber des Bundeswehrkommandos Ost in Strausberg, 1991-96 verschiedene Aufgaben im Bundesministerium der Verteidigung, 1996-98 Innensenator in Berlin, 1999-2009 Minister des Innern in Brandenburg, 1999-2007 Landesvorsitzender der CDU in Brandenburg.

Stauffenberg, Claus Schenk Graf von: 1907-1944, deutscher Offizier, schließt sich 1942 dem militärischen Widerstand gegen Hitler an, er wird Stabschef des Allgemeinen Heeresamtes im Berliner Bendlerblock und koordiniert dort die Attentatspläne am 20. Juli 1944, arbeitet maßgeblich an der Operation Walküre für die Zeit nach Hitler, wird in der Nacht auf den 21. Juli 1944 nach dem misslungenen Anschlag gemeinsam mit Quirnheim, Olbricht und Haeften standrechtlich erschossen.

Stolpe, Manfred. geb. 1936, nach 1990 SPD-Mitglied und erster Ministerpräsident Brandenburgs, 2002 Rücktritt, danach bis 2005 Bundesminister für Verkehr, Bau- und Wohnungswesen.

Tresckow, Henning von: 1901-1944, deutscher Offizier, plant ein erstes Attentat auf Hitler, das im März 1943 misslingt, zusammen mit Stauffenberg plant er den Anschlag am 20. Juli 1944, Tresckow begeht am Tag nach dem Scheitern des Attentats in Russland Selbstmord.

Vogel, Wolfgang: 1925-2008, Rechtsanwalt in der DDR, der während des Kalten Krieges den ersten Agentenaustausch organisierte, vertrat viele Ausreisewillige aus der DDR, war Unterhändler bei den Häftlingsfreikäufen.

Ulbricht, Walter: 1893-1973, bis 1971 Erster Sekretär des Zentralkomitees der SED, bis 1973 Vorsitzender des Staatsrates der DDR.